下一個百年，仍必須

從基本做起

李家同 著

代序

我的心願

李家同

爲什麼我要寫這本書？

今年夏天，我忽然得了心肌梗塞的大病，好危險，差一點魂歸離恨天，幸好我算很快地復原了。很多人都問我，病後對人生的看法有沒有重大改變？對生死有沒有看淡一點？我可以告訴各位，我一點改變也沒有，因爲我信天主教，向來知道生死並不能操之在我，我們天主教徒都知道，天主的召喚是我們無法預知的，我也從來沒有過分地追求名利，所以也不會說有了這場病以後，就對名利看淡了。

可是，我仍然有一個最大的改變，那就是我要更加努力，將我的想法在有生之年告訴大家，因爲這場病也提醒了我已是七旬老翁，如果再不努力，恐怕有些還不錯的觀念，就永遠沒人知道了。

這次生病，發生在某一個週六的晚上，在我要睡覺的時候，忽然感到劇烈的背痛，痛了整整一夜，也使我無法入眠。第二天一早，就央求我太太帶我去掛急診看病，我的症狀是背痛，可是那些能幹的醫生卻查出來我有心臟的問題，如果當時那些醫生頭痛醫頭，腳痛醫腳，我恐怕就完了。可見我們做任何事情，都應該注意到事情發生的基本原因。這件事證明了一切應該要從基本做起。

◉我們會是下一個希臘嗎？

這個夏天，對於全人類來說，都有一種「風雨欲來山滿樓」的感覺，二〇〇八年可怕的金融風暴才過了不久，我們又要面對歐債問題，如果歐債問題眞的非常嚴重，不僅歐洲經濟會遭遇困難，甚至全世界沒有一個國家可以倖免的。

歐債風暴中，最可憐的是希臘，這個國家一夜之間幾乎喪失了主權，他們政府的施政必須聽別人的指揮，德國說你必須減少預算，他們沒有什麼辦法說不。我們一面怕自己變成第二個希臘，一面又羨慕德國，因爲對於整個歐洲來說，大家都要聽德國的話，他說了就算數，畢竟德國是一個強國。

爲什麼德國如此富強，而希臘如此不爭氣？理由很簡單，德國是世界上少有的工業大國，而希臘毫無工業可言，即使希臘的債務能被一筆勾銷，經濟就能夠轉好嗎？他們的經濟一直靠政府雇用大批的公務員，這種經濟好得起來嗎？

我有沒有擔憂我們會變成第二個希臘呢？我當然沒有這種擔憂，但是這並不表示我們可以無憂無慮地過活了。我們是一個工業化的國家，而且我們的國家非常依賴我們工業產品的外銷，如果工業產品競爭力不夠，乃是非常可怕的事。

雖然我們的工業產品外銷的成績還不錯，我們其實正面臨來自中國和韓國的嚴峻挑戰，有好一陣子，中國對我們是羨慕不已，尤其對於我們的電子工業更是佩服得五體投地。現在，中國在工業上的進步，實在令我擔憂。

前些日子，一位工程師來見我，談到他們的產品，我問他這種產品有沒有用到非常新而好的技術，他說當然有，我又問他是哪一個國家有這種最新最好的技術，他說是中國大陸，最令我吃驚的是這家工廠在河南。說實話，我從來不知道河南有這種工廠的。

還有一次，我在一個場合遇到了一位工程師，他說自己最近設計了一種給ＬＥＤ生產線上用的儀器，令我難過的是這個儀器是替中國陝西省設計的，陝西省沒有這種人才，於是找到了台灣，這位台灣的工程師就替他們做事了。我後來發現，我無論在哪一所大學，教過的學生中，相當多的人在中國工作。

中國國務院最近發表了「新十八號文」，是關於國務院鼓勵軟體產業和積體電路產業發展的政策。看得出來，中國要加強軟體和半導體工業，而且他們顯然知道我們台灣是很注重我們的軟體工業和半導體工業的。根據他們的行事風格，中國政府在這類事情上是很有效率的。

至於談到韓國的崛起，我們面臨的局勢就更艱困了，三星、海力士都已在今年進入世界二十大半導體公司，韓國的現代汽車已經在全世界銷售，從任何一個方向來看，我們的確受到韓國很大的威脅。

但是我們的國人有沒有對這種情形擔憂呢？實在沒有，不信的話，不妨看看晚上的政論節目，也不妨看看平面媒體，至少我始終看不出國人擔憂我國的競爭力。我只知道少數政論家曾經討論過這個問題，多數政論家都絕口不提，好像來自中國和韓國的壓力是不值得擔心的。

國人的不擔心，乃是我相當擔心的事，但還不是最令我擔心的事，因爲我總覺得即使大家想要使國家更有競爭力，也不知從何著手。

我們應該要擔心什麼？

從我們的青少年說起。我雖不是青少年，卻相當喜歡看小孩子跳街舞，在台北捷運車站，常可以看到小孩子在那裡練舞，我有時到美國去，更加可以看到美國孩子在街上跳街舞。平心而論，的確是美國孩子們跳得好，爲什麼？我發現並非他們的技巧特別好，而是他們比我們台灣孩子強壯，體格好的孩子跳起街舞當然比較好看，而且強壯的孩子也比較會做高難度的動作。因此，我們如果要孩子的街舞表演得更好，讓他們強壯一點就是首要任務。

至於工業技術呢？

我最近上網去看了很多有名的半導體公司，他們的首頁都會說明他們的新產品，而他們的新產品中往往都有放大器，放大器是何等古老的玩意兒，以我國專門研究高科技的工程師來講，放大器沒有什麼了不起，君子不爲也，可是一位不會設計高級放大器的工程師，也不可能設計什麼偉大的電子儀器的。

因爲我在教書，難免我要談談教育，有一次我給了一些英文題目給一所大學做，他們的學生做了以後，我發現開頭的兩份考卷答得非常好，以後的就差得很遠了。值得注意的是，這兩位英文程度好的同學是中國來台的交換生，我也在清大教過中國來台的交換生，他們都在班上考到了前幾名。所有我碰到的大學教授都說中國的學生在英文和數學方面根基都相當好。

我們一再強調要有好的大學，也一再強調英文的重要性，可是我發現即使非常好的明星大學中，很多大學生仍然犯嚴重的文法錯誤，很明顯的，我們的英文教育忽略了最基本的部分。

我們大學數目之多，好像是一件值得驕傲的事，其實很多大學生程度之低落，使很多教授不知如何是好。爲什麼會有這種現象？簡單的一句話，他們在念大學以前，根基沒有打好。追根究柢的話，我們必須承認我們在小學就沒有注意到小學生的程度，絲毫不管一些程度落後的小學生，硬是讓他們一路升學。

我心知肚明，我的話並不是社會上一般人最喜歡聽的話。也許，我的話脫離了主流思潮，叫大家從基本做起，乃是一件相當吃力而不討好的事，可是我仍然堅信我們國家如果要有更強的競爭力，必須把基礎打好，一切要從基本做起。

我長日將盡，希望在我的有生之年能夠看到我們的國家設計出高難度的放大器，不知我的願望能否實現。

目錄

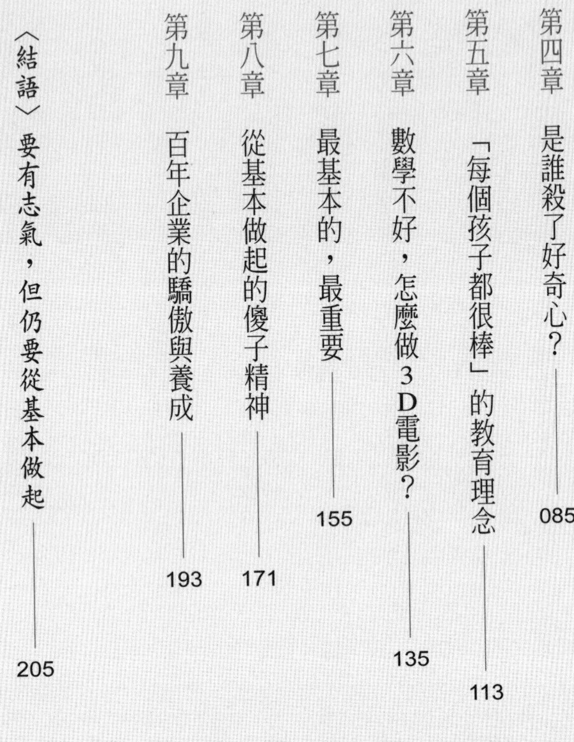

前言

下一個百年，仍必須從基本做起

建國一百年了，我們在台灣歡度這個國家的生日之時，應該感到自己算是很幸運的，我們大多數人民的生活是很好的，我們的財務狀況雖然不是最好的，也沒有什麼太大的問題。我們有全民健保，這就比美國人幸福得多，美國有六千萬人沒有醫藥保險。很多國家有種族問題，我們沒有。我們的半導體工業在全世界都有一定的地位，比起一百年前，我敢說，我們從來沒有這麼好過。

但是，我們仍應該想想看，我們究竟和清朝末年有哪些不夠進步的地方？

國防建築在科技之上

清朝末年，我們忽然從夢中驚醒，發現洋人的武器實在驚人，我們根本等於沒有海防，清朝的朝廷因此提出了「堅兵利甲」的口號，也就是說，我們要向洋人購買高級的軍艦，配上火力強大的砲彈，彷彿只要有了這些武器就擁有國防了。但是，誰都知道，這種堅兵利甲的做法是不夠的，一個國家的國防，並不是靠有什麼先進的軍備，而是有沒有能力自行研發這些武器。

一百年過去了，我們有沒有很大的進步呢？當然有，但是，我們國家似乎仍然無法擺脫清朝末年「堅兵利甲」的迷思，我們的國防部有沒有「國防建築在科技之上」的觀念呢？我們小老百姓是無法代他們回答的，但是，我可以大膽地說，至少我們國防部沒有很明確地將這種想法公開提出，使全國人民有這種共識。

反觀我們的媒體只會一再強調：美國賣戰鬥機給我們的意願。除了戰鬥機以外，我們還要買防空飛彈、潛水艇，好像有了這些玩意兒，我們就安全了，我們的確還沒有脫離清朝末年的一些想法。

沒有技術的「按鍵工廠」

如果我們關心工業的話，要知道清朝末年，我們就有工廠了。當時，有人發現洋人用機器製造麵粉，而我們卻還在用人力，於是他將自己出產的小麥運到美國，請美國的工廠將這些小麥製成麵粉，並要求美國用這些麵粉烘焙食物，像蛋糕、鬆餅、麵包、餅乾等。後來，美方回應，這種麵粉是可以拿來烘焙的，於是這位先生二話不說，立刻向美國買了製造麵粉的機器。當時的上海已有電力，機器裝好了、通了電，小麥就變成麵粉了。

隨後，這種工廠越來越多，上海有了紡織廠，也造就了很多本土的資本家。這些工廠有一個共同的名稱：按鍵工廠，英文是 turn-key factory，意思是說，機器是買來的，我們只要按下按鍵，機器就會工作，我們就有工業產品了。

然而，「按鍵工廠」並不是一個好的名詞，按鍵工廠表示這家工廠沒有設計的能力，所有的技術都是買來的，只會依樣畫葫蘆，外國廠家告訴我們該怎麼做，我們就怎麼做。但是那家外國公司是在做研發的，沒多久就會有一套新技術，我們所擁有的技術便立刻落伍，又要花錢跟人家買技術了。

我們的工廠當然不能說百分之百都是按鍵工廠，但是我們必須承認，有很多工廠的製造過程是外國人設計的，製造時的機器也是向外國買的，從某方面來說，我們仍然是外銷的殖民地。

來自中國的挑戰

清朝末年，我們根本沒有什麼外銷，現在我們已經是工業國家了，我們的外銷產品絕大多數是工業產品。每年，我國工業產品外銷的金額高達四千億美金，以量來看，我們應該算是很厲害的了。但是，我們絕大多數的產品都不是高價產品，可想而知，毛利一定也不高。毛利不高，如果工廠留在台灣，也沒有關係，但是那些毛利不高的工廠老闆，當然會想節省成本，而這些工廠的生產成本往往是人力成本，比起台灣，中國大陸的人力成本低得多，因此我們很多製造業的工廠移到了中國大陸。這對於我們想在工廠工作的人來說，是一個很嚴重的問題。

我們國家另一個嚴重問題正是來自中國的挑戰。在過去，我們幾乎沒有將他們的工業技術看在眼裡，然而中國開放改革以後，他們派了好多科技官吏來台灣參觀。當時，很多官員對我們的科技都稱讚不已，光是印刷電路板，他們的技術就落後我們非常之多。但時至今日，情形完全不同了。中國的工業技術已經不僅在追趕，而且趕得非常之快、非常之好。

就以通訊系統來說，中國的華爲公司已經是全世界最大的通訊公司，產品行銷到全世界。美國有些大型的通訊公司要買他們的產品，遭到美國政府的阻止，警告他們如果採用華爲的產品，勢必影響到國家的安全，以後也就別想拿到政府的合約。美國的眾議院還曾通過對於華爲不利的決議案。

半導體本來也是我們的天下，但是中國在很多方面都追得很勤快。在這一行，我們常常看哪一個公司能做出半導體生產時所需要的設備，來評斷這家公司的能力。很多設備都是非常昂貴的，動輒就是幾億台幣一架，甚至幾十億台幣一架。在過去，中國是沒有能力做這種昂貴儀器，現在他們已經有一家公司生產這種儀器了。

在二〇〇九年，《電子工程專輯》（*EE Times*）公布了六十家最有潛力的半導體公司，中國有三家上榜，我們一家也沒有。

此外，幾乎全世界的大型電子公司都在中國設立了研發單位，値得我們憂慮的是，我們台灣很多電子公司不僅在中國大陸設立了製造工廠，也有很大的研發單位。我們常說「根留台灣」，所謂根留台灣，應該是將研發留在台灣，但是看起來，這也不保了。

韓國的崛起

韓國的崛起，也非常值得我們擔憂。韓國曾經歷可怕的韓戰，可是韓戰以後，韓國的工業就起飛了，最近，他們實在表現得非常出色。以半導體工業爲例，二〇一〇年全球最大的半導體製造公司是美國的英特爾，第二名就是韓國的三星了，韓國的海力士是第六名，而台灣名次最好的聯發科則排第十九名。三星公司在通訊方面也到了幾乎可以呼風喚雨的地步。通訊工業首重在制定世界規格的能力，而三星在這方面已有相當厲害的影響力。

韓國最令我們佩服的是他們在汽車工業上的努力。有好一陣子，韓國的汽車工業簡直是一個笑話，但他們現在應該算是成功了，因爲韓國的現代汽車（Hyundai）銷到了全世界，世界各地都有現代汽車的車廠，每一年，現代汽車所生產的汽車已經到了四百萬輛。

最近，韓國更和阿拉伯聯合大公國簽訂了一個合約，要替他們建造一個核能電廠，韓國比我們更晚擁有核能電廠，我們到現在仍然只停留在使用核能電廠的階段，而他們已經有能力外銷建造核能電廠的技術了。

韓國並不是大國，它的人口是四千八百萬，比我們多不到哪裡去，而且他們過去也曾是一個極爲落後的國家，他們在工業上起步得比我們還晚，眞沒有想到韓國在工業方面已經超越了我們。

⊙為什麼台灣的觀光不發達？

還有一件事會使我們不安的，那就是我們每年有大批的人民到外國旅遊，但是外國人常來我們台灣旅遊嗎？也許我們的古蹟比不上義大利，風景比不上紐西蘭，但我們總該比得上新加坡吧。我們有故宮博物院，很多專家認爲這個博物館是世界上數一數二的博物館，裡面的收藏在全世界可說是絕無僅有，而新加坡什麼博物館都沒有，風景就更加不用說了。但是去新加坡旅遊的人數遠遠超越台灣。去年，來台灣的旅遊人數是五百多萬人，到新加坡的人數是一千多萬人。不僅如此，我們其實非常依賴中國大陸來台的觀光客，我們在街上，有沒有看到整輛遊覽車載的全是來自歐美的觀光客呢？我們很多大學都有觀光系，他們也都強調學生在外文方面的訓練，但是這些畢業生大多無用武之地，因爲來我國的歐美觀光客實在少得可憐。

不要說新加坡了，就觀光而言，我們好像也比不上馬來西亞。每次到馬來西亞，飛機裡就會坐了好多歐美人士，整個機場裡也有相當多的歐美人士，反觀我們桃園機場，非黃面孔的人絕對是少數，而且來自歐美的旅客看上去也不是來觀光的，而是來出差的。

⊙令人心痛的貧窮問題

然而，最令我心痛的，是我們國家還有窮人。我們貧富不均的現象並沒有其他國家嚴重，但的確是有窮人的。我國的貧窮線標準依每個城市的生活水準而有所不同，就台北市來說，貧窮線的指標是收入低於一萬四千元。而根據內政部在二〇一一年第二季的統計，沒有超過這個貧窮線的人高達二十七萬人。對很多人來說，國內的窮人問題只是一個數字，對我來說，卻是一個令我永遠無法忘懷的痛苦經驗。

我有一次，拜訪了一戶人家，當我要去上廁所，才知道這戶人家是沒有廁所的，他們告訴我，他們白天可以到附近的親戚家去上廁所，晚上就在附近的田裡解決。

我還有一個經驗，我去的人家只有十坪，連廁所和廚房在內，而他們住在那裡已經很久了。

政府並非不想減少國內的窮人，但根據我的觀察，他們都注重租稅的公平性，很多人以爲只要富人多繳點稅，窮人就會消失了。就以奢侈稅來講，即使政府拿到了稅收，可以轉手給一個窮人嗎？當然不可能。就算拿到了一些補助，等他用完了這些錢，他又是一個窮人了。所以，我認爲要消滅貧困，光靠租稅的公平性是不夠的。

我們不妨看看我國窮人的共同特徵，他們的教育程度都很低，根據資料，我國在貧窮線以下的人，大多都是國中畢業生。

我們不妨再看看我國所得稅平均最高的台北市，而台北市也是大學生密度最高的地方。而新竹市和新竹縣現在也都是非常富裕的城市，他們的居民平均教育程度也很高。

雖然我國的教育制度並不差，但是顯然有必須改革的地方，最重要的改革是要注意我們後段班孩子的程度，我們必須提高他們的學業程度，否則他們的競爭力就眞的很有問題了。

我們的教育還須加把勁

或許我們會問：台灣的教育不是很普及嗎？任何孩子要念高中，總有高中可念，可是念高中眞的就有用了嗎？我可以在這裡舉幾個例子：有一所電子公司，他們很好心，總覺得應該請偏遠地區的孩子到他們工廠擔任作業員，所以他們特地和一所偏遠地區的高職連絡，說公司會爲他們保留五個操作員的名額，前提是一定要通過考試。連續兩年，這所高職派出他們最好的學生，卻沒有人能通過那家公司操作員的考試。我們可以想像得到那所學校的學生會有多麼沮喪，他們一定認爲自己讀了書，卻一點用都沒有。

我知道有一位高中老師總覺得他的學生英文實在太差了，有一天，他寫了二十個非常簡單的英文句子和單字，給他的學生翻譯，令他大吃一驚的是，他有一半的學生幾乎繳了白卷，也就是說，這些都是高中生，但他們連「good morning」都不懂。

更令人難過的是，有一位高中老師請他的一位學生寫下二十六個英文字母，他只寫下了二十二個，怎麼樣檢查，都無法查出究竟漏了哪四個字母。

至於數學呢？好多高中老師和大學教授告訴我說，他們的學生搞不清楚分數的加減乘除。有一所大學的學生連最基本的數學公式都導不出來。

也許大家會認爲這些是所謂後段班學生的問題，我們的前段班學生應該表現得不錯吧？事實並非如此。我曾經給一所都會區的國立高中一些翻譯考題，卻犯了不少的基本文法錯誤。

大家一定會說，國立高中生英文不夠好，沒有什麼關係，只要大學生英文好，也就可以了。現在，我們就來談談大學生的英文吧。

大學生不會寫正確的英文句子，也許可以原諒，但總該能看得懂本行的英文教科書吧。有一次，我從一本電腦科學的教科書中選出了五個英文句子，其中有兩個句子稍微複雜一點，可是，對我而言，我仍然不會弄錯這兩個句子的意義的。我將這五個句子傳給很多大學的資訊系教授，請他們測驗自己的學生，結果如下：

・一所科技大學的大學部學生幾乎完全看不懂這些句子，這所大學在技職體系中屬於前段學校。

・這所大學的研究生表現得更加離譜，他們只會翻譯幾個相當基礎的英文字，比方說：computer→電腦。

・中段大學的學生沒有一位全對的，絕大多數都是錯在比較複雜的句型。

・有一所明星大學有五〇%的學生犯錯。

・我國最頂尖的學生，有三〇%犯錯。

由此可得知，我們大學生的英文程度是值得憂慮的。相當多的大學生根本不會看自己本行的英文教科書。但有趣的是，在一所大學的學生中，有兩位翻譯得非常好。一問之下，原來他們是來自中國的交換學生，而他們並非來自重點大學，只是省立學校的學生。

大學生的英文水準究竟在哪？現在我們來看看吧。以下是一所明星大學的學生所犯的文法錯誤，各位看了以後，一定會非常詫異，因爲這些學生已經稱得上是我國的菁英分子了，卻仍然犯這麼多的文法錯誤，實在令人難過。也許有人會問「zero sword」是什麼？他其實是要表達「零件」的意思。但是，將零件譯成這樣，實在是不可思議。

我們來看看幾個致命的錯誤：

- I steal one of they.
- I have a friend, who have a job ...
- He already done ...
- I have a good friend who work in the company ...
- My friend has been developed a zero sword.[1]

各位也許認爲菁英級的大學生犯些文法錯誤，是可以通融的，但這種想法是錯誤的。我們是一個急須和外國打交道的國家，和外國公司的溝通協商，文法是不該有錯的，如果犯了錯，對方可能會錯意，或者根本看不懂你的意思，如果有產品想推銷到外國，這種英文當然會吃虧，甚至對方會對你的能力產生疑慮。

話說回來，那麼我們能夠完全依靠我國大學外文系嗎？我看是不行的。我們外文系的大學生的確學了好多的西洋文學名著，才大一，就要上西洋文學史，厚厚的一大本英文書，讓我們的外文系大學生看起來非常厲害，但是他們的英文句子絕對不會犯嚴重的文法錯誤嗎？我是不敢打包票的。根據我的經驗，答案應該是否定的，我國的外文系學生仍然會犯很多很基本的英文文法錯誤。

1.

看出來了嗎？以下是參考答案：

· I stole one of them.
· I have a friend, who has a job...
· He has already done...
· I have a friend, who works in the company...
· My friend has developed a component.

⊙——台灣高等教育的盲點

現在我們要談談我們工學院學生的程度了，我們的工程師全都是由我們大學培養出來的，他們夠不夠厲害呢？我的答案是：他們相當不錯，但是他們有一個嚴重的缺點，缺乏了工程師應有的實務理解力（engineering sense）。我們的工學院學生也許學會了不少的理論，對於他們的專業，卻沒有什麼感覺。

到底何謂對工程的感覺呢？也許我們可以用學英文的語感來解釋。學英文，不能完全靠文法，學好了文法，我們頂多寫出來的句子合乎英文文法，可是句子卻像中文思維，因此要學好英文，我們必須對英文有感覺。英文好的人，會用精準的字彙與正確的句型，這些都不是光學文法就能知道的。我們有的時候會笑外國人說中文時用錯了字，這也不是因爲這位外國人不懂中文文法，而是對中文的語感仍然是不夠的。比方說，中文書裡常有很多的典故，但用錯了典，是會鬧大笑話的。什麼狀況用什麼典故，完全是一種長期培養出來的感覺。

作爲一個好的工程師，總不能光記得很多理論，而是必須對工程有所「感覺」。如果碰到問題，厲害的工程師會立刻想到還會發生的連鎖問題。如果要設計一個新的系統，厲害的工程師就必須先設想問題與解決的方式。

好的工程師當然是由職場裡磨練出來的，天下沒有一個工學院可以培養出一批極有經驗的工程師，但是工學院的畢業生也不能沒有實務感。我在美國念書的時候，考試往往有不錯的成績，但在實作上，我卻遠遠落後美國學生，他們對做實驗的熱情和興趣令我十分佩服。

有一個暑假，我在一位專門研究眼球的教授的實驗室打工，這座實驗室需要很多電子設備，裡面的線路都是這位教授自己設計的，他是一位相當著名的眼科教授，幾年以後，他成了英國的皇家學會會士，他當然不是學電機的，但是很會設計線路，令我慚愧之至。我有一位朋友告訴我，他在美國的指導教授問他說：「你爲什麼學科都是A，實驗卻是B？我寧願你實驗拿A，學科拿B，因爲實驗是非常重要的。」

我國的大學還有一件令我們不安的事：我們雖然有不少的論文在國際期刊上發表，政府也砸下了五年五百億，希望有一、兩所世界級的大學，可是好像我們的研究老是不夠好，始終未能產生非常傑出的研究出來。

最基本的，最重要

我說了這麼多我們國家的問題，究竟有沒有解決的辦法呢？

以下是我們國家的因應方案：

・對國防，我們設法使美國肯賣給我們更多更好的武器。

・對工業，我們發展高科技。

・對於貧富不均問題，我們講求租稅的公平。

・對於教育，我們實行免試升學。

・對於落後學生，我們有攜手計畫。

・對於大學的學術成就，我們有五年五百億給幾個明星大學。

可是我認爲因應這些問題，有一個更重要的原則：**從基本做起**。

以國防來講，我們應該知道，國防建立在科技之上，而不能只想購買昂貴的武器。試想，世界上哪一個武力強大的國家是靠向外國購買武器的？

我們不妨看看觀光的問題，我認爲我們之所以未能吸引很多外國人來台灣參觀，完全是因爲我們在觀光方面的基礎建設做得實在不夠。我有一次在新竹車站搭火車，碰到一位美國旅客，他一直在研究有關火車班次的告示牌，他一臉困惑的表情，使我覺得鐵路局實在應該改進了，因爲我發現外國人搭乘高鐵就毫無困難。

所以觀光的問題出自於我國的觀光好像是針對國人設計的，國人英文的不流利、不敢開口說英文，也是一大問題。新加坡這點就比我們強很多，他們的人民普遍會講英文，也比較了解外國人的心理，就因爲這一項優點，使很多外國人知道新加坡的存在，也想去觀光。政府當局不妨思考一個最基本的問題：有多少外國人知道台灣的存在？要發展觀光，我們要從這一點基本的宣傳做起。

對於工業，我們也應該知道，要有好的工業產品，我們必須能掌握住所謂生產這項產品的關鍵性技術，而要有關鍵性技術，我們必須有基礎技術，任何所謂的高科技，仍然是建築在基礎技術之上的。如果我們不能做出非常高精度的控制器，試問，我們如何能夠做出高精度的工具機呢？如果我們不能設計高頻的放大器，我們能夠做出發射機嗎？

以消滅貧困來說，我們的問題不是在如何給窮人錢，而是如何使他們有競爭力。競爭力來自一些基本的知識和能力，而這是要靠教育的。我們其實很難給成人很好的教育，但我們一定要幫助他們的下一代，將窮人的下一代教育程度提高，就能遏止惡性循環，因爲窮人的孩子往往功課也不理想，將來長大了，缺乏競爭力，又可能走不出窮人的命運。

如何將教育辦好呢？我們必須從基本做起。所謂從基本做起，意指要從小學做起，而且要注意每一門學科的基本觀念。以英文爲例，我們有時發現學生的英文聽力不夠，我們就叫他們上英文聽力的課，而不知道聽力不好往往是生字不夠的原因，如果我們從基本做起，就會適當地逐步增加學生的英文生字。

教英文文法，也應該注意基礎的文法，很多學生學了好多的高深文法，卻不知道兩個動詞是不能連在一起用的，也不知道在某些助動詞的後面，動詞一定要用原式。所謂從基本做起，就是一定要學生們不犯這種基本的文法錯誤。

以數學來講，我們有時完全不管學生的基本工夫到位了沒有，就教他很難的學問。試問，假如一個孩子弄不清楚正負數，他如何學一元一次方程式呢？一元一次方程式沒有學好，如何能學二元一次方程式呢？

我們如果要有非常傑出的學者，千萬不要以為只要獎勵出版論文就行了，傑出的學者必須是一個極有學問的人，所謂「從基本做起」，乃是使我國的學者能夠潛心做學問，而不是成天想發表論文。畢竟，勤做研究和做學問是有所不同的。做研究有時會使學者只想弄出一些新的想法，但自己的底子不夠好，實在很難想出好點子。

如果我們仔細想想台灣經濟的發展歷史，不難發現我們台灣就是靠基本建設起家的，日本政府就對台灣有相當好的建設，政府遷台以後，更是在水利、交通、電力、自來水、教育上有很好的投資，這些投資使得我們可以做更加重大的建設。在同樣的時代，非洲很多國家爭取到了獨立以後，卻始終沒有在基本建設上投資，他們那些好大喜功的政客們忙著建造大型的體育館，有一個窮國甚至造了一個幾乎媲美羅馬聖彼得大教堂的教堂。他們大多不肯投資在水利上，以至於很多非洲國家一直有糧食缺乏的問題。

從基本做起，最容易懂的例子乃是體育。我們訓練運動員，總要從他的體格做起，假如一個年輕人要做一個傑出的運動員，他一定要先從鍛鍊體格做起。我們常發現我們運動員的表現不如人，是他們的技巧不夠好嗎？還是在體格上就不如人家？國家從基本做起，就是厚植國力，國力薄弱，國家就沒有什麼戲唱了。

但是，從基本做起，絕非我國社會的共識，我們國家眞正了解這種想法的人是相當少的。所以我要在此盡力鼓吹這種想法。

第一章

知識力就是最堅強的戰力

國防應該是國人相當關心的議題，因爲我們成天關注美國會不會賣給台灣 F-16C/D，好像有了 F-16C/D，國家安全就沒有問題了。這使我想起，當初我們從法國買來幻象式戰機和拉法葉軍艦後，大家得意不已，然而這有用嗎？法國早已使用新發展出來的飆風戰機，而拉法葉軍艦也不是法國最新型的軍艦了。

數學跟國防科技為何有關連？

如果我們要談國防，我們一定要知道，國防建築在科技之上，但所謂的國防科技，絕不是靠一個專門研究武器的單位所能完成的。我們不妨舉一個例子，英國在二次大戰期間，就已建造了一架電腦，這架電腦是由當時的數學教授艾倫．圖靈[1]所提議的，他率先提出一個很奇特的觀念，那就是我們不僅可以將資料用0和1儲存在記憶體內，也可以將

1.

艾倫．圖靈（Alan Turing，1912－1954）

英國數學家，被視為計算機科學之父。二戰爆發後，協助破解德國的著名密碼系統Enigma，幫助盟軍取得勝利。

一個程式以0和1的方式儲存在記憶內。所以在當時，電腦有一個特別的名字：記憶體儲存程式之電腦。

圖靈教授可以說是世界上少有的天才，他的想法是很難懂的，他的論文是出名的難懂，相信他也不可能用簡單明瞭的言語解釋他的想法，但是他提出想法以後，大約在一年之內，英國就造出了一架電腦，叫做巨象電腦[2]，這架電腦對於破解密碼有很大的功勞，很多人說這架電腦縮短了第二次世界大戰的時間。

巨象電腦是在英國的郵局研究單位造出來的。

因此，我們應該注意幾件事：一、國家一定要有高級的數學家；二、我們一定要能設計複雜的電子線路。

電腦科技和數學的關係是非常密切的，可惜我們國人並不太了解，電腦科技的基礎是所謂的布林代數[3]，而布林代數其實源自於古代亞里斯多德所發明的符號邏輯。這些學問當初都是由純數學發展而成，卻很

2.

1943年英國研發出來的
巨象電腦（Colossus computer）

少人知道數學家可以利用這種抽象的學問發展出電腦來。

有圖靈這樣偉大的數學家，當然是好事，但是也要有工程師能了解他的想法，英國才能在短時間內造出一架電腦，充分表示他們工程師的數學素養是相當不錯的。

但是光有數學家也是不夠的，要造出電腦來，我們仍需要電子線路，在電腦發明以前，電子電路從來不會在0與1中打轉的，但是英國的電子工程師做到了，這又顯示了英國工程界的技術水準之高。

英國在二次大戰開始之時，是單獨和德國作戰的，當時希特勒有所謂的「海獅計畫」，打算登陸英國，最後卻取消了，因爲他們的空軍和英國空軍作戰時損失太大，沒有了空軍，是無法登陸的。爲什麼會損失這麼多的戰機呢？原因很多，其中一個重要的原因是英國人已有雷達技術，一九三五年，一架英國轟炸機反射了ＢＢＣ所發射出的訊號，這可以說是英國第一次有關雷達的實驗，雷達系統使英國能很準確地掌握德

3.

什麼是布林代數？

布林代數（Boolean algebra）是一種邏輯代數，也叫做開關代數。起源於英國數學家喬治．布爾（George Boole）於1849年所創立的理論。是一個由邏輯變數集、常量 0 和 1 及「與」、「或」、「非」三種運算所構成的代數系統。現在，布拉代數多應用在電子學、計算機硬體和軟體上。

國空軍的動向，如果英國沒有這種系統，他們絕不可能贏得勝利的。

⊙國防科技應該往下扎根

歷史上有很多帝國主義國家，他們也都對外殖民，要能擁有殖民地，當然要有武力，亞洲不也曾有過成吉思汗嗎？蒙古人可說是武力高強，爲什麼蒙古人的武力到後來比不上英國、法國、西班牙這些國家呢？理由很簡單，這些國家的科學知識遠遠地超過了蒙古人的科學知識。

我們國家不可能有強大的武力，但也就因爲我們的國情特殊，我們就更應該發展我們的潛力。國防部應該做的事絕不是努力購買武器，而是好好發展整個國家的科技，如果全國的科技水準都相當高了，國防上的要求才可能達到。

我在此舉一個簡單的例子來說明國防科技的重要性。我們都知道通訊對於國防的重要性，如果我們的通訊系統是來自外國的，我們實在沒有什麼國家機密了，因爲誰能保證美國的中情局不會在美方賣給我們的通訊系統中暗藏什麼東西？我們現在用了微軟的作業系統，常常會收到一個訊號，說他們要更新系統了。乍看之下，更新系統是好意，但這也充分表示我們是沒有隱私權的，微軟公司一定有方法知道我們的一舉一動。而大家最常使用的Google，一直到現在仍要應付很多的指控，因爲他們似乎侵犯了使用者的隱私權。

因此，我們的國防部就應該立下一個目標，我們要有自己的通訊系統，如何達到這個目標呢？這絕對不可能由中科院獨立完成的，而是要依靠我國的民間企業共同完成的。民間企業不是專門替國防部做的，他們當然是爲了替自己的公司謀福利，但是，如果我們整個國家的通訊系統水準提高了，事實上，國防部就能握有更安全的系統了。

因此，國防部的做法應該是拿出相當大的經費，來資助我國的通訊工業做研究。我國的公司規模比較小，因此很難做非常好的研究。國防部可以先做一次普查，然後發現有哪個零組件是必須要有的，國防部就可以開出規格，由民間廠商以競標方式承保這種技術的發展，技術的發展一定要在國內完成，而且不能再購買外國的技術，如此才能確保技術在台生根。

國防部的這種做法，一定會受工業界歡迎的，哪一家廠商不願擁有自己的技術呢？有了自己的技術，才有競爭力。美國經常利用這種辦法來提高他們的國力。美國國防部經常開出武器或系統的規格，然後由民間公司研發製造出這種系統來。如此一來，美國就一直有新的領先技術。我國和美國不同，我們的基礎不夠好，因此我們的規格不能訂得太高，我們不必要求廠商做出最新的產品，而可以要求他們做出非常基本而重要的產品來。我們現在通訊系統內的重要訊號處理晶片，都要向外國購買，有關射頻的晶片，也是我們該努力達成自製的目標，因爲我們仍仰賴進口這類的晶片。

我要強調的是，這些晶片並非只有國防部才用得到的，全國的通訊產業都會受惠於這種技術。

有自行研發的能力，才是真正的國防

我在此要很嚴肅地提出一個警告：中國的國防部是很重視民間科技的，他們的解放軍明目張膽地支持華爲公司，而華爲雖是一家民間公司，但是負責人出身自解放軍。因此，華爲之所以能成爲一家規模龐大的通訊公司，主要原因當然是解放軍在背後的支持。顯然，他們知道民間通訊技術對於國防來說，是非常重要的。

總而言之，我希望我們的國防部了解，我們國家的科技如果很好，我們才可以有好的國防。因此，國防部有一個神聖的使命：提高國家的科技。當然，國防部無法支持國家所有的科技，但他們可以做一個調查，找出與國防有關的基本科技，我敢說，我們在這些方面都是非常落後的，國防部應該好好在這幾個領域中投資，如此一來，不僅僅是國防部受惠，連帶整個國家都會受惠。

根據報導，美國將要提升我國F-16的戰機，代價是一千七百六十億台幣。如果我是總統，我一定下令以其中的一%，也就是十七億台幣，來提高我們通訊系統裡的晶片自製能力，既然有一千七百六十億台幣肯送給美國人，總該有十七億可以給我們的工業界吧。

第二章

認識世界，找到自己

要檢討爲什麼台灣觀光的人數不夠多，我認爲這是因爲我們國際觀不夠的原因，以至於我們喪失了很多讓人家認識我們的機會。

很多年前，當時黛安娜王妃還在世，到處奔波呼籲拆除地雷，使得全世界都在考慮要不要簽署禁止埋設地雷的國際協定。大多數的國家都簽字了，只有中國、俄羅斯和美國由於擁有大量地雷而沒有簽署。我有一次碰到一位立法委員，我勸他在立法院也通過決議，表示我們願意簽字，即使我們不是聯合國會員，在法律上不具效力，但是，如果立法院通過決議，表態同意禁止埋設地雷，總是一件好事，很多國際媒體會注意到我們。當時，這位立法委員完全沒有聽說過這個協定，倒是完全贊同我的建議，後來在二〇〇六年也制定了相關法令。可惜，知道這一件事的國人並不多，顯示國人對國際事務的漠不關心。

◉──只知道女神卡卡的國際觀

談到國際事務，我們不妨再看一件飽受國際媒體注意的事件，所謂的「達佛悲劇」[1]。達佛是蘇丹的一個地區，這個地區的內戰大概使五十萬人因此死亡，也造成了二百萬的難民，因此二〇〇七年九月十六日，有人發起了一個達佛日，發起者包含了很多名人，如喬治·克隆尼、休·葛蘭、艾爾頓·強、米克·傑格、米亞·法蘿。這一天，全世界各地都有相關活動，以喚起世人對達佛悲劇的注意。各國政府也都發表了宣言，表示同情達佛難民的悲慘待遇，也願意出錢出力減輕難民的痛苦。很多大學舉辦了達佛日的活動，但我們的政府對達佛日不聞不問，台灣沒有一所大學舉辦任何有關達佛日的活動。對台灣來說，達佛是不存在的。

在公元二〇〇一年的九月底，美國的首都華盛頓原來有重要活動的，因爲世界銀行和國際貨幣基金組織都要到華盛頓來開會，後來因爲九一一事件發生而取消。美國的大學生對這兩個團體極爲反感，他們認爲世界上很多貧富不均的問題都是由於這兩個單位的政策所造成，因此全美國的大學生紛紛打算到華盛頓來舉行示威抗議，因爲他們是窮學生，可想而知的是他們一定會住到華盛頓各大學的學生宿舍裡去。華盛頓地區的各大學大爲恐慌，結果是他們宣布在開會期間放假，學校淨空，所有的學生不能住校，有些外國學生還因此拿到機票錢，可以返鄉回國。

試想，如果世界銀行、國際貨幣基金組織、世界貿易組織和八大工業國家在台北開會，台灣不會有太多的大學生去抗議，因爲大多數的人根本對這些組織一無所知，也不會認爲這些組織造成了貧富不均的問題。我們大多數的大學生對嚴肅議題向來沒有什麼興趣，自然也就不會關注國際間的事務了。

1.

達佛（Darfur）

位於蘇丹共和國西部。這場內戰始於2003年7月。聯合國估計，在衝突進行的期間，已有45萬人死於暴力與疾病之下。而到2006年10月為止，已經有約250萬人流離失所。有不少媒體認為達佛衝突是場「種族滅絕」的悲劇。

追根究柢，我們的國人對於國際事務毫不關心，與我們的媒體有很大的關係，我們的報紙是有刊載國際新聞的，但篇幅不大，而且好像只注意美國的新聞，非洲似乎不屬於這世界似的。因此，即使索馬利亞的內戰已經打了快二十年了，也造成那個地區極大的災難，我們的報紙就是不管。目前，阿富汗戰爭已經進入第十年，在外國的媒體，阿富汗大概每隔一天就有一個新聞，但是我們卻很少提及阿富汗。最令我感到不安的是巴勒斯坦問題，這個問題一天沒有解決，世界上的恐怖分子就一定會存在，但是我們的報紙很少有相關報導。巴勒斯坦和以色列的和平談判已經停止了一年之久，如果我們問國人為何談判擱淺，我相信百分之九十九的人答不出是因為猶太人居住點仍有爭議之故。

報紙還有國際新聞，但廣播電台就很少有國際新聞。中廣有新聞網，我曾建議每次新聞中加播一則國際新聞，他們硬是不肯，理由是聽眾沒有興趣。電視台也很少播放國際新聞，如果有的話，好像也都與娛樂有關的，女神卡卡的新聞就是大家心中重要的國際新聞了。

說實話，我國的大學未能使學生對國際事務有興趣，乃是一件很遺憾的事，我們大學很少請人來談談人類的貧窮問題，很少請人來分析巴勒斯坦問題，若要討論爲何目前有這麼多自殺攻擊的恐怖分子，想必更少了，也難怪我國大多數的大學生對於國際事務一無所知，當然也就無從關心。

不關心國際現勢固然不好，我們國人其實對於外國的文學、歷史和藝術的興趣也不高。最明顯的是西洋文學，我們年紀大一點的人，多多少少一定看過幾本西洋名著。但令我感到驚訝的是，現代很多年輕人完全沒有看過這些書，什麼原因呢？也許是因爲國人不再崇洋，可是從時尚來看，國人其實非常崇洋；在娛樂上來看，也是如此，否則女神卡卡爲何能如此受歡迎？

對西洋文學沒有興趣，就無法對西洋文化有眞正的了解。一個國家的現況總與過去的歷史背景有關，美國有基督教基本教義派，是和它的歷史有關的。俄羅斯一直到現在仍存有帝國情結，當然也與它的歷史有關。英國爲什麼首開社會福利制度，也和狄更斯[2]的小說和蕭伯納[3]的劇作有關。若是我們對這些外國的文化脈絡沒有興趣，有時會使我們無法了解外國人的想法，也會對於國際事務感到困惑。

多了解他國文化，少吃點悶虧

國際觀不夠，會有什麼後遺症呢？

首先，無法和外國人進行深入的交談。我是教授，常常要招待外國教授。但是我發現，吃飯時，有些教授無法和來訪的教授有任何交談，是不是英文的問題呢？好像也不是，在我看來，是我們教授往往對國際現況不清楚，因此人家提起一件他以爲大家應該知道的事情，我們卻不

2.

查爾斯・狄更斯（Charles Dickens，1812－1870）

英國維多利亞時期的小說家，作品多著墨於當時英國的社會問題。著有《塊肉餘生錄》《孤雛淚》和《小氣財神》等。

知道，當然就無法答腔了。如果談到外國的歷史典故，我們就更傻眼了。

這種情形，會使我們的貿易吃虧。每當我們的業務和外國人打交道的時候，總不能永遠只談專業的事，如果在晚間餐敘的時候，能夠談到那個國家的文化或藝術，自然會拉近人與人的距離，行銷的任務也就比較能達成。

我曾經見過一位來自義大利某大公司的業務，他不但會講中文，甚至對林語堂有很深的研究，當然能夠和我們國人打交道。如果我們到歐洲的業務很懂文藝復興的藝術，或是有關歐洲的歷史，我相信我們的行銷絕對會更順利的。

此外，國人的言論很難引起外國人的注意。外國人喜歡高談闊論，藉此試探對方的程度，如果你插不了嘴，他們多半不會對你有什麼敬意的。以最近的金融問題而言，歐洲最大的問題就是希臘能不能還債的問

3.

蕭伯納（George Bernard Shaw，1856－1950）

愛爾蘭劇作家，作品充滿人道關懷，於1925年獲得諾貝爾文學獎。最著名的作品為《賣花女》（*Pygmalion*），後來被改編為音樂劇《窈窕淑女》（*My Fair Lady*）。

題，國際間普遍的想法是要希臘政府縮緊褲帶。如果我們的一位留學生提出完全不同的想法，而且舉了歷史上類似的例子，外國人絕對會對你肅然起敬。

在過去，民國初期的駐美大使是顧維鈞[4]，他在念耶魯大學的時候，就已被選為耶魯大學的辯論社社長，其中，有位和他辯論的同學，即是後來成了美國總統的威爾遜。顧維鈞代表國家向威爾遜總統呈遞國書的時候，兩人相見甚歡，可想而知的是顧維鈞的確能夠提高中華民國的聲望，並引起外國人的注意。他如何做到的？完全靠流利的英文嗎？當然不全是如此，而且有趣的是，顧維鈞的英文是帶有英國口音的，他常說自己的英文口音是「國王的口音」，並非美國口音。但不管是何種口音，我相信顧維鈞之所以能夠在耶魯大學表現得如此傑出，絕對是因為他對西方文化的深切了解，否則絕不可能在辯論時，表達出具有深度、說服力的內容。

4.

顧維鈞（1888－1985）

被譽為中國現代史上最卓越的外交家之一。

此外，在民國歷史上，還有一位政府官員可以擔任國際法庭的大法官，那就是王寵惠[5]，他沒在政府做官的時候，就去國際法庭做事。我們國家有這種能力的人實在越來越少了，其中原因，無非是我們國人的國際觀不如前了。

沒有國際觀，就沒有觀光業

缺乏國際觀可不是小事一件，其後的影響是很深遠的。因爲缺乏國際觀，我們的觀光措施對外國人不甚友善，高鐵有英文標示，廣播也有英文，台北捷運也是如此，但是台鐵就不夠完整了。

我在英國自助旅行過很多次，最令我印象深刻的就是英國大小鄉鎮都有旅客服務中心，這些地方可以提供好多資訊，也可以替旅客訂各種車票，而且車票當場就能拿到，非常方便。可是我們全台灣都沒有這種

5.

王寵惠（1881—1958）

民國時期的政治家、外交家、法學家。

服務中心，就連觀光勝地日月潭附近的埔里也沒有。

我們搭乘任何一種交通工具，總會注意車次或航班。以飛機來說吧，我們一定要記得航班，告示牌上也會註明。但是台鐵的告示牌上強調的是車種，比方說，你一定要注意你買的票是莒光號還是自強號，因爲標示強調的是車種，至於車次，反而不受重視了。

如果你在香港或新加坡搭飛機，一定可以看到全英文的書店，賣的書並非旅遊指南之類的書，而是一定會有《紐約時報》的暢銷書，我們的機場到現在仍然沒有這種書店。

由於國人的國際觀不夠，以至於我們不知如何宣傳自己。大家如果不信，不妨在 Google 網站上搜尋「蒼穹島」[6]，然後再去看有關的照片，照片中全部都是美麗的荒野，然後再搜尋「澎湖」，就會發現我們提供的資訊實在很難吸引外國人。大多數人對於風景有興趣的，澎湖並非一個山川壯麗的地方，但是澎湖就是有它的荒涼美感。我每次去，都被澎湖的寧靜所吸引住，也好幾次停下車，在澎湖的鄉下散步，散步的時候，四周看不到任何人，久久也不會有汽車走過，倒是因爲我的到來，會有野鳥飛起，這種寧靜的感覺是我非常嚮往的，也是我當年在蒼穹島所感覺到的。蒼穹島永遠保持住它的荒涼美景，使得很多遊客不遠千里而來。

事實上，蘇格蘭盡力維持它的原貌，也以此爲傲。蘇格蘭有好多的湖，大家不妨去這些湖邊玩玩，我們會發現湖邊少有建築；夕陽西下，頂多看到一、兩座廢棄的古堡。我有一次碰到兩個從義大利去的大學生，他們說自己每年一定會來享受蘇格蘭給世人的荒涼感受。

我們似乎並不了解這點，反而拚老命地忘掉大自然的重要性，任何人到了台北，只會感到高樓林立的壓迫感。反觀世界上重要的城市都有大面積的公園，紐約有中央公園，倫敦有海德公園，巴黎有盧森堡公園。我在美國首都華盛頓住過，華盛頓有一座公園，沿著一條小溪築成

繪者：悉尼・波西，1874

6.

蒼穹島（Isle of Skye）

又譯「斯凱島」，是蘇格蘭內赫布里底群島最大也是最北的島嶼。

的，公園裡到處大樹成蔭，有一條道路從南到北貫穿這座公園，據說，羅斯福總統經常從白宮離開，輕車簡從地穿過這座公園。這座公園到了冬天，所有的樹都變成枯樹，公園卻更加美。

我們台北並非沒有地，可是每一塊空地，政府都會將它標售給某某財團，這些財團會在空地上建高樓，彷彿政府以台北市有此大樓爲傲，並不認爲缺少公園才是一個城市的羞恥。

這些政策完全是因爲官員們國際觀不夠。中央公園對紐約有什麼好處呢？除了提供了紐約市民一個清靜的所在，它的樹木吸收了好多二氧化碳，也使紐約可以舉行露天音樂會。最重要的是，中央公園出現在好多文藝電影之中，使世人因而對紐約有很好的印象。舉例來說，電影《珍妮的畫像》（*Portrait of Jennie*）完全以中央公園爲布景。在這部電影中，中央公園是一個充滿詩情畫意的地方。而二〇〇八年的《把愛找回來》（***August Rush***）是一部音樂電影，最後的音樂會也是在中央公園舉行的，中央公園簡直就是免費替紐約做宣傳的最佳場所。

注重自然是很多先進國家的共同特色。有一次，我在義大利參觀一所研究單位，這個單位有一個非常大的露天停車場，和我們的機場停車場差不多大，但是令我印象深刻的是，這個停車場有分隔島，分隔島上種滿了櫻花樹，我運氣很好，去的那天，櫻花盛開，雖然是停車場，看上去卻是一大片雪白的花海，所有的車子都淹沒在花瓣中。遺憾的是，我們國家的露天停車場很少是一片花海的。

我們都希望外國人對我們國家有美好的印象，我認為我們應該擴大我們的國際視野，唯有如此，我們的觀光事業才能進步。

認識世界，找到自己

缺乏國際觀會使我們錯過好的機會，所謂好的機會，乃是指發揚推廣我們的優點。我們台灣有一個很特殊的地方，是政府從來不注意的，那就是我們有很多漂亮的特色咖啡館和茶館。

如果你們看文藝電影，不難發現歐洲人喝茶或喝咖啡，都很講究茶具，但是你們如果看美國電影，很少人用有盤子的茶杯喝咖啡的，多半用馬克杯。有一次，我去美國，到了當地最流行的一家咖啡館，我問他們有沒有伯爵茶，他們說有的，於是我點了一杯，他們給了奇差無比的紙杯，裡面滿滿都是伯爵茶，這實在令我啼笑皆非，我心想，我又不是要喝可口可樂，可是我後來想想，他們的確認爲喝伯爵茶和喝可樂是同樣一回事。

喝茶也好，喝咖啡也好，氣氛當然是重要的，因此，我要講的是，台灣有品味的咖啡館不計其數，以喝茶來說，我常去一家以玫瑰爲主題的茶室，這家茶館提供的茶具都有玫瑰花的裝飾，茶壺下面一定有蠟燭保溫，所以你不須擔心茶會變冷，這裡的音樂也永遠都是古典音樂，這家茶館全國到處都有。

我還喜歡一間南投鄉下的咖啡館，這家咖啡館的主人是建築師，整家店座落在田野裡，從大型落地玻璃窗看出去，可以看到綠油油的田。另一家在台南的特色咖啡館，在你要進去之前，必須通過一道窄門，這家咖啡館的裝飾奇舊無比，但是陳舊中卻充滿了優雅，比方說，他們用的木頭，包括地板在內，都經過處理，會令你感覺來到了狄更斯的時代。

這些咖啡館絕對是我們的賣點，至少可以吸引那些自命風雅之士，美國有沒有這種優雅而不俗氣的咖啡館呢？至少我覺得不多了。我曾去紐西蘭旅遊好幾次，每次都使我對台灣的咖啡館懷念不已。

我好幾次請外國教授去這種咖啡館，他們簡直無法相信在台灣的鄉下會有這樣氣氛好的咖啡館，他咖啡的等級都已不是這麼重要了，他們只在乎那裡的氣氛。有一次，我帶一位從美國回來的朋友去一家鄉下的咖啡館，咖啡館內全部都是檯燈，咖啡館裡有舒服的沙發椅，你可以在那裡喝咖啡，旁邊站燈的柔和燈光之下，好多人在看偵探小說，店裡唯一的聲音是貓兒的走動，有趣的是，牠們都是黑貓。這家咖啡館的玻璃窗外全是樹，當時大風，我們可以看到窗外樹林在燈光中搖晃，我的朋友說他一輩子沒有去過如此有氣氛的咖啡館。

所以，我認爲我們可以好好宣傳我們的咖啡館，世界上很少國家有這麼多氣氛優雅的咖啡館，這是我們的特色，我們應該好好地利用並加以推廣[7]。

每天和世界一起脈動

觀光事業是一種服務業，以我們國家的狀況，服務業一定要國際化，有時我們會羨慕新加坡和香港，總奇怪爲什麼他們的金融事業如此

7.
台灣有許多特色咖啡館，我們應該好好地利用，並加以推廣。

國際化，原因其實很簡單，他們的金融從業人員絕對比我們的人員更有國際觀。幾年前，美國發生了恩隆案[8]，這是當時轟動一時的掏空案。令我大吃一驚的是，我們管理學院的學生幾乎都不知道恩隆案。有一次，我遇到一位金融界的朋友，他依稀聽過這個案子，但不知詳情，還有一位則是完全沒有聽過。他們是金融界的人，卻對恩隆案陌生，難怪我們的金融事業不夠國際化了。

國際觀不夠，會使得我國的股民蒙受很大的損失。我們的股民有很多是非常普通的老百姓，電視節目中，我們常常看到一些股民在證券行看標示板，他們只能知道台灣股票的漲跌，但一定搞不清楚究竟是爲何漲或跌。如果他們英文夠好，應該去看看國際新聞網站，那些新聞網站提供很多有關國際間的金融動態，我們的股票早已和全世界的股票掛鉤了，無法獨立於世界。但是一般股民一定弄不清楚爲什麼歐債如此嚴重。至於希臘的國債問題，更是令他們困惑，根據國際貨幣基金組織的

8.

什麼是恩隆案？

恩隆曾是一家美國能源類公司。在2001年宣告破產之前，恩隆公司擁有約2萬多名員工，公司連續6年被《財富》雜誌評選為「美國最具創新精神公司」。然而，在2002年時，爆發財務造假醜聞，讓這家擁有上千億資產的公司在幾週內破產。從此，「恩隆公司」已經成為公司欺詐以及墮落的象徵。

報告，希臘的平均國內生產毛額（簡稱GDP）是二萬八千美元，這是經過購買力調整後的，如果沒有經過購買力調整，希臘的平均GDP是二萬七千美元，比我們台灣的一萬八千美元要高得多，但爲何希臘正面臨破產危機[9]呢？至於美國的QE2[10]，恐怕更加令國人困惑了，有人還以爲這是伊麗莎白二世（Queen Elizabeth the Second）。如果將國人的國際觀提高，絕對可以使我們的社會在股市上蒙受較小的損失，減少很多無辜股民的不安和焦慮。

把關心延伸出去，當個優質世界公民

相信大家都會同意我國是不夠國際化的，這種現象影響了我們的服務業，包含觀光業等等，也使外國人對我們國家沒有什麼印象，也不利於推銷我們的產品。如何能提高國人的國際觀呢？我有幾個具體的建

9.

觀光產業如此發達的希臘瞬間遭遇破產危機，其中因素相當複雜。除了全球金融衰退的影響，希臘政府幾十年的高福利制度，讓國家財務赤化。再加上逃稅問題嚴重，政府也沒有積極處理，才導致今天這種從天堂落入地獄的局面。

議：

・我們的各級學校都應該讓同學多多注意國際間的大事，如人類的貧困問題、國際間的仇恨問題、軍備競賽問題等等。

・我們應該鼓勵國人多看外國小說，看外國小說總可以增加對外國文化的了解。我最近就看了一本小說，才知道所謂英國的玫瑰戰爭是怎麼一回事。我也是看了遠藤周作的小說，才知道日本當年的基督教的教難有多麼嚴重。

・我們應該鼓勵國人多看外國的新聞網站，因爲外國的新聞網站裡有很多的國際新聞，如果英文不夠好的話，不妨看看博幼基金會的國際新聞網頁 http://alg.csie.ncnu.edu.tw/enews/allnews.php。

10.

什麼是QE2？

量化寬鬆（Quantitative easing）是一種貨幣政策，由中央銀行通過公開市場操作，以提高貨幣供應、減低銀行的資金壓力。可視之為「無中生有」的貨幣，等於是間接增印鈔票。但持續的量化寬鬆則會增加通脹的風險。而QE2則是指美國的第二次量化寬鬆政策，希望能藉由大量的貨幣流通來刺激經濟復甦。

第三章

弱勢孩童，一個都不能放棄

我國的教育相當普及，一般說來，在全世界都應該算是相當好的了，但是，我認爲我們的教育仍有嚴重的缺點，總括一句，我們的教育沒有注意教育的基本面，我在這一章，將談談我們教育最基本的問題。

⊙我們忽略了弱勢孩子的課業問題

所謂的弱勢孩子，是指家境比較不好的孩子，從各種統計看來，他們的學業程度常落後於家境好的孩子。政府應該知道這一點的，因爲從基本學力測驗的結果就可以看得一清二楚。如果我們比較一下台北市國中的成績和鄉下國中的成績，一定會大爲吃驚。

我曾去過一所偏遠地區的小學，我問他們的英文老師，你們的孩子在小學畢業的時候，會不會拼出 father、mother，他說大多數的孩子都是不會的，但是他又加了一句，「TVBS孩子」都會。什麼是「TVBS

孩子」？其實是因爲TVBS在那個偏遠小學有一個課程輔導計畫，於是接受這種輔導的孩子被稱爲「TVBS孩子」。其實，這個計畫雖然是由TVBS出錢的，執行的卻是博幼基金會，這些孩子實在該被叫做「博幼孩子」。

有一所國中的教務主任說他們一年級將收七十位同學，於是我問他有多少學生會拼father、mother，這位教務主任說大概不出十位。

我曾在一所國中和幾位國中二年級的孩子聊天，令我傷心的是他們的確不會拼 father、mother 這些字。更令我難過的是他們好像完全無所謂，仍然很快樂的樣子。

弱勢孩子的程度差是不能忽視的事實，因爲他們出身貧寒，所享的資源已經比一般人少，如果書沒有念好，將來實在不容易找到好工作的。有一所偏遠地區的高職老師告訴我一個故事：有一家在新竹的半導體公司，曾特別派人到他們學校來，說公司留了幾個操作員名額給這所學校的畢業生，但是學生仍要通過考試，雖然考試的項目一點也不難，兩年來，沒有一位學生通過，這家公司只好放棄了。這個故事說明了一件我們很不願意面對的事實：我們雖然教育普及，但是很多孩子根本沒有學到東西。而這些孩子往往來自貧窮的家庭，因爲他們書沒念好，將來長大了，又可能收入不高。接下來，我要談談對弱勢孩子不利的幾個因素。

社會的冷漠，弱勢孩子的寂寞

每年我們都會公布我國低收入戶的情形，但是我們根本沒有低程度學生的資料。

美國政府長期推動一個有關教育的計畫，叫做「不落後計畫」（No Child Left Behind），意指所有孩子的程度都要設法提高起來，而我們國家卻連這麼一個口號都懶得用了。英國政府則是每年會針對小學六年級畢業生做測驗，然後公布有多少百分比的學生達到標準。近幾年來，達到標準的百分比一直在增加之中，而我們國家卻始終沒有對我們的小學生做這樣的測驗。

我們有沒有注意教育呢？教改一直轟轟烈烈地進行著，但是教改對弱勢孩子的落後情形卻一字不提，不知是視而不見，還是根本沒有意見。現在我們又有十二年國教，但是十二年國教並沒有改善讓弱勢孩子相當吃力的課業問題。

其實，政府對於弱勢孩子的教育是有方案的，「夜光天使」和「攜手計畫」都是要幫助這些孩子，但是政府既未「前測」，也無「後測」，並沒有徹底地追蹤研究。因此，這些計畫究竟有沒有用？誰也不知道，因爲，好像也沒有人眞正在乎。

政府一直是順應民意的，每次大型的考試放榜，媒體登的永遠都是什麼人考上了台大，或者什麼人考上建中和北一女，至於有多少學生考得一場糊塗，媒體很少會提的。媒體的觀點其實是一般所謂中產階級的觀念，他們眞的不知道國家有很多弱勢孩子進了國中，連 father、mother 都不會拼，他們只想報導哪個好家庭的小孩，五歲就能精通英文、會看英文小說。他們很難想像孩子會功課不好。至於弱勢孩子的家長們，爲什麼他們不抗議呢？理由很簡單，他們對孩子的功課本來就無從關心起，他們如果發現自己的孩子功課不好，會認爲這是很自然的事，因爲自己當年的功課就不好，現在孩子功課又不好，一定會自認是資質不夠，不能責怪學校。弱勢孩子的家長們原本就不善言辭，對於如何替自己爭取權益有些怯懦，所以他們始終沒有要求學校教好他們的孩子們。

⊙ 老師，請對弱勢孩童多點耐心

然而，老師們總該知道這些孩子的存在吧？為什麼老師不替弱勢學生說話呢？

有些老師們認為孩子功課不好，是因為他們不用功，回家不做功課，這的確是事實，如果孩子們每天回家都做功課，豈有功課不好之理？但是這些是弱勢孩子，父母常在外地做工，他們和祖父母生活，祖父母當然也是國英數不好的人，當年也沒有用功過，因此不會督促孫子念書。尤有進者，孩子回家做功課，總有不會的地方，比方說，英文字不會唸，父母教育程度高的，會教他們唸，這些弱勢孩子回家以後，找不到任何人問，當然也就懶得做功課了。

有些老師會有一種錯誤的觀念，他們總認為偏遠地區的孩子學不好是很自然的事，我們怎麼知道呢？我們不妨看看非常偏遠地區的小學，很多小學的學生已經少到不能再少了，比方說，一班只有三、四個學生，在這種情形之下，老師應該將他們教得很好的，但不盡然，有些從這種迷你小學畢業的學生，程度依然很差。我曾經遇過一位學生，我見到他的時候，他是小學五年級的學生，令我吃驚的是他的國文程度很差，很多該認得的字，他都認不得，後來因爲我將他轉了校，請人特別幫助他，他就立刻跟上學業進度了。

尤其，很多老師以爲原住民孩子的專長是在體育和音樂，因而忽略他們其他長才。然而，我無意中發現自己現在教的原住民孩子中，他們就和漢人一樣聰明。在我目前教的學生之中，各項表現平均最好的一位正是原住民孩子。

此外，我們常有自然界的災禍，比方說：颱風、土石流，而這種災禍往往使得很多偏遠地區的小學無法上課，政府的應急辦法是將這些偏遠地區的孩子送到台北的一所小學上課，這個措施就顯示了政府官員的無知，因爲那些來自偏遠地區的孩子，完全跟不上台北學校的程度。台北小學的老師在手忙腳亂的情況下給他們不同的教育，也使得這些老師們忽然明白弱勢孩子程度嚴重落後的事實。

⊙——因材施教，有這麼難嗎？

因材施教一直是我國的古訓，出自孔子《論語》。從任何一個角度來看，因材施教都是很好的教育理念。試想，孩子們聰明的程度當然是不同的，如果我們教他們同樣的功課，有些孩子一定吃不消的。

但是我們的政府卻是不肯實施這種政策的，如果因材施教，就要能力分班。在過去，能力分班的結果，產生了所謂的放牛班，使得一些本來功課不好的孩子更加一蹶不振，因爲校方簡直就是宣布放棄了他們。

政府認爲能力分班不對，就禁止了能力分班，我們的國中和小學都要實行常態分班，也就是將程度高的和程度低的孩子混在一起上課，他們認爲這樣程度低的同學也會跟著程度高的同學念書，不至於被放棄。其實正好相反，任何一位老師在上課的時候，都只能照顧到中間程度的學生，無法管特別聰明的孩子，但也沒辦法顧到特別不聰明的孩子，如果要顧到那些不聰明的孩子，全班的進度會因此而慢下來，這當然是不公平的。其實，老師並沒有放棄這些不夠聰明的孩子，他們往往是心有餘而力不足，於是乎，這些孩子就被時勢所放棄了。

我是在成功中學念初中的，當時我們念數學的時候，好像大家都不覺得有什麼困難，至少普通的題目全班同學都會做的。最近我教一些孩子，有好幾位同學硬是學不會一元一次方程式，我因此甚感困惑。爲什麼過去我們都會，現在卻有很多孩子不會呢？後來我忽然想通了，當年我是考進成功中學的，所以全班程度是相當整齊的，當然學起數學來也就沒有什麼太大的問題。現在的國中是免試升學的，因此班上每一個同學的成績當然是不平均的，有的很聰明，有的不夠聰明，但全體用的是同一本教科書，試想這對於不聰明的孩子會造成多麼嚴重的打擊。

書本薄，負擔輕?!

不知何故，我們政府有一個政策，那就是書包要輕，書包一旦要輕，書本就一定要薄，官員們認爲書本一薄，學生的負擔就會減輕了。事實正好相反，書本一旦變薄了，本來該仔細講的，現在變成簡單扼要地隨便講一下，如果你只讀教科書，一定不會搞懂的。

舉個例子，我們的國中一年級教科書中有談到直線方程式，甚至談到三點是否共線的問題，除了三點共線問題以外，還有一題是要將一條直線平行移動，使它經過線外的一點，要求學生算出新直線的方程式。這些問題加起來，只用了五頁就解釋完畢，不要說不聰明的孩子會覺得這些問題太難，就是一般的學生也不一定會搞懂的。但是家境好的孩子會去補習班，或在家裡請家教，或乾脆找爸爸教，弱勢孩子就毫無這種資源了。

書包要輕，書本要薄，乃是一個錯誤的想法，因爲這種做法使出版商用三言兩語就將一個問題輕鬆帶過，語焉不詳。出版商有恃無恐，因爲他們又出版了參考書，學生看不懂教科書，就可以去看參考書，所以出版商反而多賺了一筆，但是這是有錢的孩子才會做的事，弱勢的孩子買不起參考書，教科書又看不懂，就什麼也不會了。

我說的這些教育問題，在我們國家存在已久，尤其是弱勢孩童的教育問題。雖然大家都非常努力想改善，做了很多教育改革，結果卻是造成弱勢孩子的邊緣化，彷彿這些教改都是針對有能力的孩子。這現象讓我非常沉痛，如果教育無法從基本做起，讓所有孩子都享有一樣的資源，這種差距只會越來越大，對我們的未來絕非好事。

第四章

是誰殺了好奇心？

任何一個課程，都有它的基本面，未能注意到基本面，乃是一件非常嚴重的事。我在這一章，將舉很多的例子來解釋這個觀點。

英文的基本問題：亂無文法

我們既然教了英文，總不能放任我們的學生寫出非常荒唐的英文句子，可是事實就是如此，儘管我們國家號稱小學就開始學英文，國中到高中要學六年的英文，現在請各位看看以下的中文句子，居然有很多大學生根本不會翻。

- 他上星期看了電視。
- 我們的爸爸不是陳女士的老師。
- 你去年去了美國嗎？

・他今晚不會來這裡。[1]

請再看以下的文法錯誤：

・They are no money to go to school.
・It is very important to communication for information system.
・It must be increase.
・But USA's chips is a lot Russia to be against USA's hope.

以上的錯誤是一所大學的博士班同學寫出來的。

爲什麼會有這種現象呢？道理很簡單，我們的英文教育完全忽略了基本面，英文的文法有一些基本的規則，我們的英文教育幾乎完全不管這些的，因此我們的學生常常忘了第三人稱單數後面的現在式動詞要加

1.

你知道這些句子該怎麼翻嗎？

・He watched TV last week.
・Our father is not Ms. Chen's teacher.
・Did you go to America last year?
・He will not come here tonight.

s，他們也經常將兩個動詞連在一起用，問句的時候，不用 do，而用 are，我常常發現學生會寫出這樣的句子：Are you drink coffee everyday?

我曾經問過好多同學，知不知道兩個動詞不能連在一起用，有很多同學說他們不知道這個規則，這也難怪他們，因爲我們英文的教科書的確是不理這一套的。信不信由你，我們所有的英文教科書中，都沒有提到一個最基本的英文文法規則：主詞是第三人稱單數，現在式時，動詞要加 s[2]。還有一個規則，我們的教科書中也是沒有的：助動詞 do、must 和 will 等等的後面，動詞一定要用原式。

因爲教科書中沒有這些規則，同學們就一定要依靠老師們上課時的口頭叮嚀，但是問題又來了，老師在上課也許曾講過一次，他如何知道孩子們已經不會犯這種錯誤呢？他是無法知道的，因爲各種考試都不考這些基本規則。不知何故，我們的英文老師非常看不起這類基本的規則，認爲這些都不重要，重要的是困難的文法題目。

2.

主詞是第三人稱單數時，若為現在式，動詞要加s。

He
She } drinks water every day.
It

現在的學生很可憐的，他們在學校的英文考試相當困難，我曾有一次教一個高職的學生，他的程度不是很好，我花了九牛二虎之力教會了他課本內的英文，結果他告訴我他的英文考得慘不堪言，我看了一下考卷，才發現考試的內容和課本毫無關係，其中的閱讀測驗更是天馬行空，隨便抓了一篇文章來考這位高職學生，我請這位學生將所有他不認識的生字找出來，他一口氣找到了三十個之多。

總而言之，英文教育的確是一個教育不注意基本面的典型例子。我們教了好多英文的句型，也考了學生好多的難題，結果他們仍然錯誤百出，不信的話可以看看以下的句子：

- Their studies often is good.
- He already done the work.
- I stealed one, then let me enter to the house.

· My good friend have been made the element.

· I will be step into the world.[3]

請注意，這些句子來自全國最好大學之一的最好學生。對我而言，這些句子看得我怵目驚心，也充分地顯示了我國英文教育者不肯注意英文的基本文法。

我國的數學教育問題：只知結果，不懂過程

數學教育的最終目的當然是學生推理能力的養成。我們的數學考試全部採用選擇題，因此無從檢驗學生的推理能力。最近我教一位國中生，發現他根本搞不清楚何謂幾何的證明，比方說，他只知道兩個角相等，我說這兩個角的確是相等，但是怎麼知道它們是相等？而證明的方

3.

正確句子應該是：

· Their studies are good.
· He has already done the work.
· I stole one, and then I entered the house.
· My good friend has made the element.
· I will step into this field.

法是要證明兩個三角形相等，於是他就開始證明了。然而，在證明的過程中，他一直在「那兩個角相等」的字眼裡打轉。我花了好多工夫，最後終於使他了解何謂定理證明。說也好笑，他上次在學校裡數學考得不錯，因爲他很會猜答案，反正是選擇題，選擇題是不管學生如何得到答案的。

我曾經問這位同學：你的老師知不知道你不懂何謂證明？他說他的老師不知道，因爲所有的考題都是選擇題。這種情形使很多高中畢業的同學連最簡單的公式都不會推導，非常可惜。

有一次，我發現一位同學提出了一個方法來解決相當複雜的數學問題，我最後問他有沒有證明一個定理，他一點都不懂何謂證明定理，他一直向我說他已有兩個例子，兩個例子都說明他的想法是對的，他以爲數學的定理無須證明，只要試幾個例子就可以了。其實，我相信他所提出的定理應該是對的，但數學迷人之處正在於推算、證明，熟通定理才是最基本的工夫。

嚴謹的學問來自縝密的邏輯思考

如果我們要求學生證明定理，這位學生將會懂得何謂嚴謹。目前很多學生在寫論文的時候，當然要下結論，但結論常常下得非常不嚴謹，但他自己往往完全不知道他不嚴謹。更嚴重的是，我們很多學問都需要證明定理的，因爲當年所受的訓練不夠，所寫出來的證明也就完全不像數學界常用的寫法，這又使我們的學生吃很大的虧。

證明定理可以訓練邏輯思考，很多人誤以爲只有學理工的學生注重邏輯思考，這是不對的，學人文社會科學的也應該注重邏輯思考。我們都知道：

天下雨，你就要打傘。

有了以上這個公認的道理，我們很多同學會根據以上的道理導出以下的句子：

你沒有打傘，所以天一定沒有下雨。

這是正確的，但是也有人會根據第一句話，導出以下的話：

天沒有下雨，所以你不會打傘。

這句話就是錯的，你不能從第一句話導出這句話。

邏輯思考並不限於理工科的學生，做任何的學問或者做任何的決定，都必須符合邏輯。

我們有些法學院學生表現得不好，並非因為他們對法律的了解不夠，而是因為他們的邏輯思考能力不夠。他們如果要想考司法官，除了要熟悉法律條文以外，當然要知道如何言之有理，言之有理的第一要件就是沒有邏輯上的錯誤，單單這一點，就不容易的，因為邏輯思考不夠好的人是很容易犯自相矛盾的毛病的。

⊙我們物理教育的問題：只會背定義

比方說，我們都學過電場這個名詞，但如何測量電場呢？按照書本上的定義，在空間任何一點，電場都有它的值的，但是，我們如何能測量電場的值呢？我們的教科書上懶得解釋，同學們也不管，僅僅是將電場的定義背下來了事，反正考試時唯一的要求就是要將電場的定義寫清楚即可。

在打雷以前，空中已有很多的電荷，測量電場的工作當然是非常重要的，遺憾的是，我國的教育界卻沒有將這種最新的技術告訴學生。我承認要搞懂這種技術並不容易，但是一旦搞懂了，對我們學生是很有用的。反過來說，如果學生只背下有關電場的定義，而沒有學會如何測量電場，其實他們對於電場只是一知半解而已。

我們的孩子們都學過庫倫定律[4]，但是我們的教科書從未解釋庫倫如何測到電量的，如果他沒有量測電量，他如何可以確定庫倫定律裡的常數呢？

我們的孩子都知道氫分子裡有兩個原子，這是如何測定的？教科書中一概不提，至於如何決定每一個原子裡的電子數目，幾乎所有的教科書也都是一字不提。

我們有時感到很遺憾，因爲傑出的本土科學家相當罕見。其中原因

4.

夏爾・庫侖（Charles Coulomb，1736－1806）

法國物理學家。其實，「庫侖定律」並不是庫侖最早想到的，但他最關鍵的貢獻是藉由摩擦力和扭轉方面實驗，證實了電荷之間的平方反比律。

很多，致命的因素是我們對於自然科學的了解，通常是不夠深入的，這個缺點源自於我們的教育不注重基本面。

是誰殺了好奇心？

好奇心乃是科學家所必須要有的特色，絕大多數的科學家之所以能成功，都是因爲他對事物有好奇心。比方說，一般人如果知道地球會繞著太陽轉就算了，並不會去問爲什麼地球會繞著太陽轉。而牛頓就是一個有好奇心的人，他對這種現象的好奇心促使他推出了萬有引力定律。

我們同學有好奇心嗎？我們的國中生都知道萬有引力定律，但是，有幾位同學會問老師，牛頓如何使世人接受萬有引力定律的？因爲兩個人不論站得多近，雙方都不會感到任何力的存在的，但世人卻接受了牛頓所提出的定律[5]。其中的過程，我們的學生應該好奇，但是誰也沒有

5.

牛頓是因為被蘋果砸到頭，就發現萬有引力了嗎？其實這個概念早就有科學家提出，牛頓是藉由觀察許多自然現象，如蘋果掉落、月球與地球的引力，然後再以數學公式、多次實驗證明這個觀念。

這種好奇心。因此我們學生其實只知道有這麼一個定律，對這個定律的來龍去脈是不知道的。

再舉一個例子，我們的國中生都知道有一位科學家叫做道耳吞，道耳吞首先提出原子說，原子說是一個革命性的想法，但是道耳吞總不是因爲他每天在冥想而忽然頓悟的吧？他一定是看了很多其他科學家所做的實驗資料，而下了這樣的結論。我們的學生應該要好奇道耳吞是如何想出原子說，他們應該要問老師這個問題的，但是我知道我們的學生只會乖乖地將這件事情背了下來，而不去問任何問題。

對於我們的人文課程，我們的學生也一概以「背下來」來應付，比方說，我國曾受到很多所謂的外族入侵，北京城好像被遼、金占領過，這些民族現在到哪裡去了？匈奴人呢？他們有文字嗎？如果有文字，是什麼樣子的？元朝時代，朝廷裡用的是什麼文？中文還是蒙古文？成吉思汗統治歐洲很多國家很久，爲什麼好像都沒有留下任何的遺跡？我國過去的學校都是私塾，什麼時候開始有像現在這樣現代化的小學的？這些都是有趣的問題，但是我們的學生一概不會問這些問題。

我們現在高中學生都要念經濟了，這一下，這些可憐的孩子們又要學一大堆名詞，他們有沒有懂呢？那眞是天曉得了！但是不論他們懂不懂，他們只是概括接受。比方說，經濟學裡的GDP定義是「民間消費＋政府支出＋投資支出＋淨輸出[6]」，但是這些變數是互相有關連的，爲何可以將它們加起來呢？同學們是不會問這個問題的。

我國學生之所以幾乎全無好奇心，與我國文化有很大的關係。我們的小孩子一直要做乖孩子，而乖寶寶在大人面前只有保持靜默的義務，並無發問的權利，大人談天時，孩子不要多嘴，久而久之，孩子就只背不問了。

我們的教育也與考試有很大的關係，我們的老師和家長都會灌輸孩子們一個觀念，那就是不必去管那些不會考的東西，考試只會考道耳吞

6.

淨輸出＝出口－進口

提出了原子說，絕對不會考道耳吞如何會提出原子說的，也不會考匈奴人是否有文字。孩子們認爲念書的目的無非就是要在考場上得意，問這些問題是傻瓜才會做的事，因此，他們就對很多事情沒有好奇心了。

「知其然，而不知其所以然」的課程內容

我們中小學的課程中，有太多學生絕不可能懂得的東西，孩子當然因此感到根本無從問起了。舉例來說，小學一畢業，才上國中一年級，就要學DNA。DNA是一種相當複雜的東西，要了解DNA，必須懂化學，小學才畢業，完全不懂化學，如何能懂得DNA爲何有遺傳的功能？但是老師教了，兵來將擋，把它背起來就好。爲何不問？理由很簡單，無從問起也。

沒有好奇心，使得我們的學生不問問題，最終的結果是他們僅僅

是背了一大堆的東西，知其然，而不知其所以然。也就是說，他們事實上沒有眞正徹底地了解所學的東西，說得更明白一點，他們是狀似有學問，其實根基是很不穩固的。

我們有時發現國內很多教授很認眞地做研究，但是一旦退休了，立刻就不做了。而有的教授沒有退休，也早已不再過問研究。爲什麼會發生這種事呢？我國很多教授認眞研究，乃是因爲來自學校和國科會的壓力，做研究是因爲要擠出論文，而非對做學問有好奇心。比方說，他當時遭遇到強大的壓力，迫使他要仔細地看很多論文，否則他的研究一定做不好。他並沒有對這些與論文相關的學問有什麼好奇心，因此在讀完論文以後，他無法有任何快感。一旦壓力解除了，他當然就不再花腦筋去看論文了。

如果一位教授對學問有好奇心，他當然不會在任何情況下放棄做研究的，也許他已無須再發表論文了，但是他仍會看書和看論文，因爲他對那些他所不知道的東西感到好奇，每次看到他過去不知道的學問，都會帶給他很大的滿足。比方說，他曾聽說某某論文對於某某演算法有很精采的想法，他過去對此完全不知道，看過了以後，發現這篇論文的確精采，當下他所感到的快樂，乃是我們所不能想像的。

由於我國的教育一直沒有培養同學的好奇心，我們也就無法培養對於做學問有狂熱興趣的人了。

為何不敢挑戰權威？

我們的媒體和官員成天將「創意」掛在嘴邊，但是我們整個社會其實是在崇拜權威，我們的媒體不斷地捧一些紅人，然後也一再宣揚這些人的言論。比方說，有好一陣子，我們整個社會崇拜比爾．蓋茲，好像他的言論可比孔子所說的話。這種風氣，使有些人不敢批評比爾．蓋茲，如果他批評的話，整個社會一定會群起而撻伐之。

崇拜比爾·蓋茲是一回事，也是無關緊要的事，崇拜他們所發展出來的操作系統（operating system）就嚴重了。微軟有一陣子也是大家不可批評的軟體，但是芬蘭的一位大學生卻敢於以自己所寫的 Linux 系統來挑戰微軟的 Window 系統[7]，其結果呢？現在世界上已有很多的操作系統是根據 Linux 發展出來的。

我國會不會發展 Linux 呢？當然有此能力，但是我們的習慣是不去挑戰權威，而這些權威全都是洋人的言論，彷彿洋人說了就算，我們照單全收，不敢越雷池一步。試問，我們還有什麼創意可言？

我們現在用的硬體或者軟體不可能是十全十美的，遺憾的是我們的學者不會指出這些硬體或軟體的缺點，如果有人提出，大多數的老師會替它們辯護，好像這些硬體和軟體是他們設計的。我曾經埋怨C語言實在不夠友善，用起來好困難，此言一出，所有的教授和學生紛紛站出

7.

這位想出Linux的芬蘭大學生是誰呢？

他叫做林納斯·班乃迪克·托瓦茲（Linus Benedict Torvalds，1969－），生於芬蘭赫爾辛基市，擁有美國國籍。他發起了Linux核心的開源項目，堅持開放原始碼的概念，讓微軟等對手大為不滿，因此廣為人知。

來替C語言辯護，我只好算了。對他們來說，C語言乃是神聖不可侵犯者，因此不容許任何人批評。可是，不久以後，麻省理工學院又推出了他們的電腦語言，看來這些教授和學生又要去吹捧這個新的程式語言了，難怪我們自己不會發展我們自己的電腦語言。

此外，我的研究生都要看論文，也要報告這些論文的內容，有時有些教授會質疑某一篇論文的觀點，初來的研究生會面紅耳赤地替他講的論文辯護，好像這篇論文是他自己寫的，後來我們一再告誡他們質疑論文並非什麼了不起的事，是正當且正常的事。同學們之所以替作者辯護，是因爲他們不習慣有人居然敢挑戰大師的傑作。

我們整個社會對這種現象要負責的，因爲社會崇拜權威，學校的教育不太願意和社會有太大的不同，以至於老師們在無意中鼓勵學生崇拜社會裡的成功人士，也糊里糊塗地推崇這些人的觀點，對於學生而言，這絕對是致命傷。

⊙大量閱讀的重要性

我們教育很嚴重的一個缺點就是沒有注意到大量閱讀的重要性，缺少大量閱讀當然會缺少普通常識，普通常識乃是我們在社會生存很重要的一個因素，普通常識不夠的人，不僅會給人家語言乏味的印象，而且更嚴重的是，他會闖出大禍，比方說，你知道對方是天主教徒，然後你建議他墮胎，這個是非常嚴重的錯誤，因爲天主教徒最反對墮胎。我們有的時候看到很多弱勢的人會被別人欺騙或者欺負，都是因爲這些人普通常識不夠，可是，普通常識是不可能從課本中完全獲得的，必須靠大量的閱讀課外書籍，而且要終身都有閱讀的習慣。

我國的國文教育是講究精讀的，對於一篇文章，我們的老師會教學生仔細推敲其中文句。這種做法，有的時候會變得非常恐怖，請看以下的句子：

馬偕為了救助民眾，跋山涉水，餐風露宿。

這句話有什麼值得推敲的呢？恐怕當初寫這句話的作者也答不出來，但是，一位小學老師居然要小四的學生決定這句話屬於以下哪一個句型：

ⓐ目的複句　ⓑ遞進複句　ⓒ條件複句
ⓓ承接複句　ⓔ排比　ⓕ譬喻
ⓖ假設複句　ⓗ因果複句　ⓘ轉折複句
ⓙ映襯　ⓚ引用[8]

這種咬文嚼字的教學法，使學生們很自然地對於閱讀沒有什麼興趣，因爲老師不可能教孩子們大量閱讀的。這種情形正好和歐美的語文教育相反，他們在乎的是：你究竟搞懂這篇文章的要義了沒有？試想，你教一個學生看一本小說，小說中主角的母親去世了，因此主角始終沒有看到他的母親，而他認眞地看了這本小說之後，居然以爲主角最後見到了母親。這種現象，在我們國家的弱勢孩子中最常見，他們的老師平時沒有鼓勵他們大量閱讀，因此他們實際上的閱讀能力甚差，但他們的老師並不知道，因爲我們的國文老師常常考學生相當細微的文句，而沒有考他們是否抓到一本小說的重點。

我曾經給一批孩子讀一則福爾摩斯探案的故事，福爾摩斯探案是很精采好讀的。他們看完以後，我請他們寫下福爾摩斯破案的經過，他們之中居然沒有一位寫對，全部都是答非所問，我後來和他們聊天，才發現他們搞不清楚偵探破案是一定要有線索的。

又有一個很令我難過的經驗，我曾和一位學生聊天，他說他看完了

8.

根據高中國文老師的說法，這句應該是屬於目的複句。好了，就算知道答案了，但是對於一個小四學生的閱讀能有什麼幫助呢？

《達文西密碼》，我問他這本書的特別觀念是什麼，他居然不懂我在問什麼，只好開始講這個故事：「有一個人死了，警察來偵察……」因爲這個故事相當複雜，他講不到一半就講不下去了。最後，我說，《達文西密碼》這本書的最重要觀點是耶穌結過婚，而且他們也握有證據。這位同學覺得我說得有理，事後他寫信告訴我說，他常看書，但每次看了就忘了，也沒有對任何一本書有深刻的印象，有時因此覺得看書有點無聊，因爲看了等於白看，以後他要設法抓到一本書的重點。他之所以抓不到重點，與他所受到的精讀教育有很大的關係。

精讀的反面，就是大量閱讀。沒有大量閱讀，我們的學生常有缺少常識的現象，這當然是很吃虧的，我們要在社會生存，不能沒有普通常識，我們有關醫藥、法律、歷史、地理等等的知識，不可能全都在學校裡得到的，必須經由課外的閱讀。因爲很多孩子從小沒有閱讀的習慣，一旦從學校畢業了，就不再接受什麼新知識，這種孩子多半來自弱勢家庭，難怪弱勢孩子的競爭力永遠比其他的孩子要差一點。有時我們看到他們往往不會保護自己的權益，這和課外知識攝取得不夠有很大的關係。有的時候，我們常常發現有些人會受騙，他們多半是弱勢者，如果他們常識足夠，受騙上當的機會應該會小得多。最糟糕的是，有人走幾步就喘，居然不知道自己可能有心臟病。健康常識不足，才眞的是要人命。

閱讀不夠，使孩子們看書時抓不到重點，這種情形，使他們念任何課程都會有問題，數學首當其衝，很多可憐的孩子數學不好，並非他們的邏輯推理出了問題，而是因爲看不懂數學題目，或者根本就會錯了意。不僅數學是一大麻煩，物理或者化學等等都給弱勢孩子們帶來了很大的麻煩，因爲不論物理或化學，有些內容是相當抽象的，平時閱讀不夠的孩子會對自然科學感到害怕的。

那麼社會科學呢？我們總以爲學生們總該可以應付了，其實不然，很多孩子並非不用功，他們也很認眞地讀了課本，但是考試就是考不好。這是因爲他們雖然讀了課本，但沒有抓到重點，該記的沒有記。

閱讀的習慣必須在小時候養成的，弱勢孩子家裡無餘錢買書，只好依靠學校老師的開導，可惜我國的教育體制對大量閱讀的推行仍然非常不夠。

⊙我國教育界對於「有特色」教育的迷思

我們的教育界常常認爲小學教育應該多元化，這種想法聽起來是沒有什麼錯的，但是有時弄得過分了些，就會忽略了孩子們的基本學問。

因爲少子化的緣故，很多小學的學生少得不能再少，政府就會要求廢校，廢校當然會引起反彈，所以政府永遠說，只要這所小學有特色，就可以不廢校。因此這些小學會想出很多招數來使學校有特色，最簡單的辦法是強調孩子會打棒球和跳舞。我不反對孩子打棒球和跳舞，但我發現他們成天因為練習，反而荒廢了功課，每次看到這種情形，眞令我心痛。均衡發展更是重要。

畢竟，誰都知道，一個人要靠體育好而能在社會上生存是很困難的，即使運動員也要有基本學科的知識，否則一定吃虧。不論這個孩子在體育和歌唱上有多大的天賦，我們做老師的，總不能忘了給他們足夠的基本學識。只教他們打球和唱歌，是極不負責任的表現，也充分顯示我國教育界忽視基本面的現象。

第五章

「每個孩子都很棒」的教育理念

博幼基金會是一個專門替弱勢孩子做課業輔導的團體，我們幫助的對象是家境不好、功課也不好的小學生和國中生，目前一共有兩千多位學童接受我們的幫助，他們每週接受五天的輔導，完全免費，連書籍及電腦也由基金會供給，所有的老師都有薪水的，服務的據點如下表：

南投縣：埔里鎮、信義鄉
新竹縣：竹東鎮、橫山鄉、尖石鄉、五峰鄉
台中市：沙鹿區、龍井區、清水區、梧棲區
雲林縣：口湖鄉、四湖鄉
屏東縣：來義鄉、潮州鎮
澎湖縣：湖西鄉
宜蘭縣：大同鄉

大家可以看出我們的確是照顧偏遠地區孩子的。

博幼的成績好不好呢？今年我們有八十八位同學要進入高中，其中六三％的學生因爲成績不錯而可以免試升學，在這些孩子中，九○％的孩子是要進入公立高中職和五專的，這應該是一個非常值得驕傲的成績。

在介紹博幼的教育理念之前，請各位看看以下的一份中翻英試題：

1 他上星期看了電視。

2 我們的爸爸不是陳女士的醫生。

3 你去年去了美國嗎？

4 我待會兒不會洗澡。

5 他今晚不會來這裡。

6 他也上午玩電腦遊戲。

8. She does not play cards.
9. I went to Japan last week.
10. We will come here this Thursday.
11. Is he going to play soccer next Sunday?
12. What are you doing?
13. You are tall.
14. How does he feel about Amy?
15. He has a round face and big round eyes.

7 他們是台灣人。

8 她不會玩撲克牌。

9 我上星期六去了日本。

10 我們這星期四會來這裡。

11 他下星期日會踢足球嗎？

12 你正在做什麼？

13 你好高。

14 他覺得 Amy 如何？

15 他有一張圓臉和兩個大圓眼睛。[1]

這份考卷也許不難，但是我發現很多大學生仍然不會做這些題目的，而博幼呢？我們經過兩年課輔的六年級同學中，有百分之五十已經通過了這份考卷的考試，其中埔里、沙鹿和竹東的孩子們，通過率高達

1.

1. He watched TV last week.
2. Our father is not Ms. Chen's doctor.
3. Did you go to America last year?
4. I am not going to take a shower.
5. He will not come here tonight.
6. He played computer games in the morning too.
7. They are from Taiwan.

百分之八十，因爲這些地區有大學生輔導，所以孩子們的程度比較高，我們也正在增聘專任老師到偏遠地方去教英文。

接著，我要在此介紹一下博幼的教學理念，以供大家參考：

一、我們絕對因材施教

我們所收的孩子都是功課比較落後的孩子，他們有時到了小學五年級，仍不會減法，小學快畢業了，仍然不會分數加減。

我們有一個方法可以測量出孩子的程度在哪裡，就會從這裡教起。所以我們會看到五年級的孩子仍在學減法，我們也會看到國中一年級的學生在練習通分。

我有一次看到一位老師在發英文練習卷給學生，那裡有六位學生，老師一共發了四種不同的練習卷，可見得這位老師知道每一位同學的程度。

很多人問我爲什麼孩子肯來博幼接受課輔？在美國，很多人苦苦哀求成天在街上嬉戲的孩子去接受課輔，都遭拒絕，而博幼基金會孩子的出席率高達九五％，其中奧秘，完全是由於我們因材施教的緣故。一個小孩之所以不喜歡念書，完全是因爲他上課時鴨子聽雷，有聽沒有懂，如果他所學的是他聽得懂的，當然就很喜歡學習了。

假如我們沒有因材施教的機制，會發生什麼事？政府所投資的各種課輔都沒有因材施教的機制，他們的課輔應該是伴讀，老師在陪著孩子做功課，也不管孩子的基礎夠了沒有，所以一個孩子弄不清楚分數加減，也弄不清楚正負數的運算，偏偏要做一元一次方程式的習題，他一定做不對的。即使老師教他，只能使他當下的學習看起來好像還不錯，碰到考試，就又不會了。

我們國家對所有的學生用同樣的教科書，要求同樣的進度，實在荒唐之至。我曾經去過一所學校，這所學校專門收有問題的孩子，可以想見那些孩子的程度是很差的，但是教育部並未給他們比較淺顯的教科書，他們的老師仍然要用一般學校用的教科書，這完全是浪費時間。

二、小班教學

從一開始，博幼就採取小班教學的做法，我們平均每班六位同學，小班教學的目的是爲了要保證每一班孩子的程度是差不多的，如果大班上課，程度最差的同學可能被完全忽略掉了。

三、有品質管制——嚴格追蹤

學校裡對於學生，只管他的月考成績，而無法知道他是否學會了老師教的內容。而這裡的做法就完全不同了，我們嚴格追蹤每一位孩子的進度。

我們之所以如此注重追蹤，是因爲我們教育的重點在於打好學生的基礎，因此學生如果不會正負數，我們一定要教會他正負數，如果正負數不會，代數就不必學了。

四、不吝嗇獎勵

孩子最需要的莫過於獎勵，博幼基金會是最會獎勵學生的機構，只要學生完成了一個學習單元，立刻就可以拿到一紙證明。比方說，如果一個孩子考過了第一課到第四課，就立刻可以拿到一張證明。

每一年，博幼的孩子平均可以拿到二至三張的證明，可以想見我們的孩子一定是相當快樂的孩子。每張證明都是我親筆簽名的，我每年都要簽上近五千張這類的證明。

我必須很心痛地說，我們國家是最會打擊孩子的國家，幾乎所有的學校都會將學生的成績排名，只要排在中間以後的同學，好像無顏面見江東父老的模樣，而且也使他們對自己失去信心。其實，在班上排名最後的孩子也不一定就是程度差的孩子。反過來說，在班上考第一名的孩子也不見得是相當好的。我們對孩子的要求絕對不是他是不是功課最好的學生，而應該要求他學到該學到的東西。目前學校只管學生在班上的排名，而不管他學到的是什麼，充分顯示我們的教育沒有從基本面做起。

五、用含有文法觀念的英文教科書

我們早就發現我國英文教科書一律不准有中文解釋，因此所有的文法規則，都不在教科書內，因此學生經常會寫出以下的句子：

- Are you swim everyday?
- I was play basketball yesterday.

· Did you went to school yesterday?[2]

博幼採用的英文課本有中文解釋，而且有很清楚的文法規則，因此我們的孩子從小就有基本文法的觀念。因爲我們要求孩子們從小就有基本的文法觀念，我們有對全體學生的英文文法普查。今年八月，我們小學六年級的學生有五〇%通過了第二級的文法考試，所謂第二級，就是到了過去式，還沒有進入現在完成式，這是全部被我們輔導過兩年的學生的成績。如果我們看埔里、沙鹿和竹東，他們有八〇%的小學六年級同學通過了第二級的考試，這些地區都是有大學生兼任課輔老師。

六、我們的教科書全部都有電腦輔助的發音系統

對於偏遠地區的孩子來說，最嚴重的事是他們不會英文發音，我們的教科書一定附有光碟，只要有電腦，在一個生字上點一下，就可以立

2.

正確句子應為：

· Do you swim every day?
· I played basketball yesterday.
· Did you go to school yesterday?

刻知道這個生字的發音，我們所有的教室裡都提供電腦，因此孩子們可以很便利地使用電腦來練習英文發音。我發現博幼的孩子對於英文發音沒有什麼困難，這個英文發音的電腦輔助系統想必幫了不少忙。

七、我們有一個電腦文法練習系統

這個系統使孩子可以自己上網去練習文法，這個系統的最大好處是它有難度控制的，最簡單的文法有關於 I am、you are、he is 等等，一直到 I have been living here for a long time. 我們也有改錯，每週的習題都會變動，但下週就會公布上週的答案。同學們可以按照自己的程度做練習，以提高文法程度。

八、我們有自己的短文閱讀系統

因爲我們的孩子都是弱勢孩子，他們平時除了課本以外，很少再接觸英文，我們因此設計了短文閱讀，每一篇英文文章都不長，因此每一篇的生字不會超過十個左右，句子也不長，每篇文章的後面都有英翻中、填空和改錯的練習，我們每一位孩子每一週都由老師教一篇，通常十分鐘就教完了，下週也要輕鬆地考一下。我們如此做，無非是增加學生的生字量，也使他們在輕鬆的情況下多接觸英文。

九、我們有自己的生字系統

我們整理了一千五百個英文生字，每個生字都有兩個句子，每週每個孩子學十個生字。

十、我們有自己的會話系統，使學生熟悉英文會話

弱勢孩子通常沒有自信開口說英文，用這種方法，我們可以使孩子們熟悉英文問句是什麼樣子的。

十一、我們有完全自編的數學教材

我國數學教材的最大缺點乃是言簡意賅，聰明的孩子沒有問題，能夠上補習班的孩子沒有問題，請得起家教的孩子沒有問題，唯有弱勢孩子最可憐，他們一定看不懂這些教科書的內容的，難怪他們數學程度普遍不好。

我們有自己的數學教科書。首先，我們有一套完整的四則運算教科書，四則運算替孩子們打好數學最重要的基礎，如分數加減等，然後再有我們自己的代數教科書。

不論四則運算或是代數，我們的原則都是「進度很慢」，這種做法，使很多孩子幾乎可以自學數學。我現在舉一個一元一次方程式教法的例子來說明我們的方法。

我們將一元一次方程式分成十個階段來教。

第一階段，題目全部都是像下面的方程式：

$x+3=5$

$x-3=5$

$x-1=2$

$x-2=-1$

x一定在等號左邊，x的係數一定是1，連-1都不可以，也不可以用乘號。

第二階段題目如下：

$2x=4$

$3x=6$

$4x=16$

這階段的題目中沒有加法的。

第三階段才有加法和乘法：

$3x-1=5$

$-3x-2=4$

$2x+1=5$

但是這個階段的 x 係數仍然沒有分數。

我們的做法使孩子們可以輕鬆地學一元一次方程式，每個階段增加一些難度，等到第十級就已經相當有挑戰性了。

有些孩子也許程度不夠好，但學到第六級也已綽綽有餘。

我敢說全國只有博幼基金會用這種漸進式教法，絕大多數的學校老師用的課本裡只有兩、三個例子就將一元一次方程式交代過去，難怪我們國家的弱勢孩子很多不會一元一次方程式。

我有一位學生，很多人說他在數學方面毫無天才，可是他在我的教導之下，已經學會了一元一次方程式，我用這套教材教他，他毫無困難地就學會了，他告訴我，他過去一直以爲一元一次方程式是高不可測的數學，現在他覺得這實在沒有什麼了不起，一點都不會排斥了。

十二、博幼有自己的國際新聞網站

我們國家很多媒體是相當不重視國際新聞，所以我們博幼基金會自己辦了一個國際新聞網站，網址如下：http://alg.csie.ncnu.edu.tw/enews/allnews.php。

以二〇一一年十月十七日至二〇一一年十月二十三日爲例，這個國際新聞網站上有以下的國際新聞：

・以色列北部的一清眞寺遭攻擊
・突尼西亞大選前爆發宗教衝突
・今年的諾貝爾和平獎頒給了三位女性女權運動者
・賓拉登死亡：CIA醫生被指控叛國
・日本的製造商預期景氣會好轉
・美國凍結對巴勒斯坦兩億美元的援助金
・英國央行擴大量化寬鬆政策，再挹注七百五十億資金至市場
・奈及利亞的一座村莊遭到攻擊，造成至少十九人死亡
・以色列化學家謝赫曼發現準晶榮獲諾貝爾獎
・英國兒童午餐缺乏水果和蔬菜
・阿富汗總統哈米德・卡爾扎伊承認早年軍事安全漏洞
・伊拉克恐怖分子停止對巴格達的攻擊
・美國航空股票暴跌

・柯達否認計畫申請破產保護
・諾貝爾物理獎頒予天文物理學家
・紐西蘭攻擊日本恢復捕鯨的決定
・本屆諾貝爾醫學獎由三位免疫學專家共同獲獎
・葉門總統阿里・阿卜杜拉・沙雷即將在幾天內下台
・中國明代花瓶破拍賣紀錄
・俄國逮獲中國間諜
・樹：提高非洲的農作物產量和糧食安全
・美國眾院議長博納表示參議院的貨幣法案是相當危險的
・達賴喇嘛因簽證問題取消探望南非樞機主教
・在索馬利亞首都，一場自殺式汽車炸彈殺死幾十個人
・四川發生兩起年輕藏人自焚抗議事件
・米蘭爲了改善空氣品質，星期日實施無車日

・巴基斯坦大城基達十三人慘遭殺害
・希臘未達削減赤字目標
・英國貧困家庭對於慈善食物的需求急速上升
・中俄否決聯合國譴責敘利亞的決議
・美國堅持二〇一一年底撤軍後仍駐伊拉克的美軍可免於地方起訴
・索馬利亞飢荒：紅十字會援助伊斯蘭地區
・法國逮捕「賭場詐欺」
・國際貨幣基金組織警告許多國家應避免削減預算
・阿富汗前總統遇襲身亡，凶手爲巴基斯坦人
・阿富汗總統承認要給人民的「安全」支票跳票
・英國金融機構被穆迪機構評爲降級
・斯洛伐克反對歐元區擴大紓困案

這些國際新聞或許有難度，但絕對使博幼的孩子們有更寬廣的國際觀。

十三、我們有國際新聞深度分析

我們認爲孩子們必須對某些特定的國際新聞有深入的了解，因此博幼基金會每一個月都有一份國際新聞深度分析，以今年九月爲例，博幼做了「東非苦旱飢荒」的國際新聞深度分析。老師們會搜尋各式各樣的文章與訊息，除了讓學生知道基本資訊，如哪些國家是「非洲之角」、何謂「飢荒」，再帶入記者的第一手新聞報導，讓學生看見天眞的東非孩子與死神搏鬥的悲慘故事。當學生對東非飢荒稍有概念後，老師們緊接著分享關於非洲人文背景的相關書籍，以及飢荒的紀實圖片。最後則是一連串的小討論，讓學生可以從「東非苦旱飢荒」來思考自身的處境，並想想自己可以做些什麼。

值得博幼感到驕傲的是，我們並沒有用到政府任何的支助，我們完全依賴民間的捐款。

第十六章

數學不好，怎麼做3D電影？

我國的大學教育不能算很差的，但是我仍認爲我國的大學教育有很嚴重的缺點，這個缺點就是忽略了基本面。

⊙減少必修＝削弱基本實力

這麼多年來，我們教育界一再強調大學一定要減少必修課，如此盲目引用某些國外某大學的做法，充分表示很多大學教授不重視教育的基本面。

爲什麼要有必修課？這些課的一大功能是要替後來的課程做準備，比方說，所有理工學院的學生都要修微積分，如果不修微積分，以後要上的課幾乎都上不成了。因此這些課都是打好基礎用的，基礎不好，即使畢業了，也是搞不出所以然的。

爲什麼要如此減少必修課？學者說這是因爲目前的工程師不能懂得

太窄，必須什麼都懂，所以他們說我們如果能將必修課減少，同學們就可以多懂得目前所流行的技術，比方說，目前當紅的一些名堂：雲端、3D繪圖、數位內容、光電等等。他們不了解，如果基礎不好，任何技術都學不會的。

最近，大概由於3D電影很受大家的歡迎，很多高級電視機也推出3D的機款，所以大學裡也掀起3D風，很多學校都有3D的課程。其實這些課程頂多只能教到應用層次而已，如果要談3D的原理，數學就變得非常重要了。不要說3D，就連2D所需要的數學都是非常高深的，我們當然都希望自己的學生能夠發展出非常高級的繪圖系統，可是如果我們的學生數學不好，他們不可能有什麼成就的。

我們也成天講光電的重要性，但是光電這個領域牽涉到很深的物理，如果我們學生物理不好，如何能夠做好光電的研究？

就以我們電機系而言，我從前讀電機系的時候，我們都學過馬達，然而現在的電機系學生很多搞不清楚馬達是怎麼一回事，可是當我們需要設計非常精密的儀器時，馬達是相當關鍵的技術。

對於目前的電機系學生來說，電力系統也弄不清楚了。大家都認爲這是陳舊的東西，我們好像應該學一些摩登、先進而且耀眼的學問。沒有想到的是「綠能」變成了熱門話題，大家這才發現國內懂得電力系統的人太少了。

總而言之，我必須很嚴正地指出：減少必修課乃是相當危險的事，這種做法乍看非常先進，其實卻削弱了學生在專業上的基本知識，使我們的學生在本科的學業上不太專業。很多大學電機系的畢業生對於電路設計非常不精通，這就是大家一再減少必修課的後果。我誠懇地希望大家知道：電機工程師不會電路設計，稱不上是好的工程師的。

⊙技職體系教育的式微

我們國家過去一直有非常好的技職教育體系，可惜的是，現在工專都消失了，他們全都變成了技術學院，然而這好像仍然不夠，他們又都升格成了科技大學。一旦變成了科技大學，很多過去優良的工專傳統都消失掉了。

工專是相當重視動手做的學校，但現在他們的老師們都有博士學位，卻不見得會動手做，再加上政府始終重視教授能不能發表所謂的SCI論文[1]，因此學生就越來越不會動手做。最糟糕的是：現在的科技大學學生重視的不是能不能學到技術，而是能不能升學。

因爲教育部對技職體系的要求和對一般大學的要求是差不多的，科技大學裡面也就充斥著有博士學位的教授，他們往往弄不清楚他們學生的程度，當年他們受什麼樣的教育，他們就會給自己的學生同樣的教育，結果往往是學生完全不能吸收。

過去，很多專科學校所用的教科書和大學所用的教科書是相當不同的，現在科技大學已不會再用那一類教科書了。

教育部對於科技大學教授的升等，始終拿不出辦法來，雖然他們一再聲稱不重視論文，但是大批科技大學的教師們未能升等，其實是因爲他們沒有發表SCI論文的緣故。但是科技大學的環境很難使教授發表學術性論文的，我們可以想像得到科技大學教授的沮喪心情。

工專的消失極可能會重創我國的工業發展，我們要有好的工業產品，必須要有相當好的技術人員，歐洲的昂貴跑車，固然需要非常高級的設計工程師，但是也更需要優秀的技術人員。就以焊接來講吧，這就不是一般工程師能熟練完成的。我們假如要製造噴射機，製造時當然需要很多的技術人員，維護的時候也需要很多技術人員，如果我們未能培育好的技術人員，是絕不可能製造噴射機的。

1.

什麼是SCI？

科學引文索引（Science Citation Index，簡稱SCI）。創刊於1963年，是美國科學資訊研究所出版的期刊文獻檢索工具。嚴格的選刊標準，僅收錄全世界最重要、最具影響力的研究結果，使得SCI不僅是文獻檢索工具，更是對科學研究進行評價的重要依據。

⊙大學學生的程度問題

我國的大學教育，過去是採菁英制度，因此一般來說，大學生程度是很整齊的，可是我國現在有一百五十所以上的大學，可想而知的是有很多大學生的程度是不夠好的，但我們的教育部始終採取鴕鳥政策，假裝看不見大學裡有程度很不好的學生，一切照過去的教法。

以英文爲例，我們現在很多英文系收來的學生有嚴重的程度問題，他們會犯最恐怖的基本文法錯誤，對於這批學生，如果不糾正他們的文法錯誤，畢業以後，實在是貽笑大方、毫無競爭力的。但是，根據我的觀察，絕大多數的學生，尤其是英文系，完全不管學生竟然寫出充滿基本文法錯誤的句子，還執著於西洋文學史、聖經文學等高級課程。他們也有作文課，課中卻大談文章應該有起承轉合這種結構，學生寫出來的文章錯誤百出，教授們居然可以視而不見，他們的理由是他們是大學教授，沒有空閒教英文基本文法，這些基本文法是中小學老師的事。

不僅英文文法有問題，其實英文閱讀也有問題，很多學生根本無法讀英文教科書，一來是因爲英文生字認識得太少，二來文法太差，所以看不懂很多長一點的英文句子。

不只英文有問題，很多大學生的數學程度也極有問題，甚至比英文的問題更加嚴重，有些大學生連最基本的數學，如分數的加減都不會。那麼試想，做了大學生，如何學微積分呢？

令我擔心的不是學生程度不好的事實，而是一般大學和教育當局對此現象視若無睹，絕大多數有這類問題的大學仍然大談教育理念，這些教育理念其實都建築在一個假設上：學生是相當優秀的，很多大學會強調博雅教育，卻不知道學生的程度甚差。也有些大學會常常引用史丹佛大學校長講的話，而忘了自己的學生根本不能和史丹佛大學的學生比。

相較之下，會採取補救教學的美國大學，他們的態度務實多了。

美國很多大學有所謂的補救教學，以紐約市立大學爲例，他們對每一位入學的學生，都給予一個測驗，測驗的科目是英文閱讀、英文寫作和數學，不及格就要接受補救教育。他們的學生中，超過一半的同學要接受這種補救教育。《紐約時報》有一次刊登了一張這所大學新生在黑板上寫數學習題的照片，那個題目實在是非常容易的，應該是我們國中一年級學生就會做的題目。美國大學生程度差，已經有很長的歷史，並非最近才如此，可是最近在美國政府的提倡之下，美國開始注意他們學生的程度，這絕對是一件好事。

我國大學好像都沒有這種補救教育的措施，這完全是面子問題，很少大學肯承認自己的學生程度不夠，因爲這種承認會使招生更加困難，可是這樣下去只會使我們眾多的大學生浪費時間和金錢，因爲他們一定學不到什麼東西。

⊙ 只重研究，忽視教學

我國大學注意研究，乃是好事，但是有時也就犧牲了教學。很多大牌教授只肯教與他研究有關的課程，而不肯教那些對學生非常有用、但沒有什麼新觀念的基礎課程。以化工系爲例，化工系的學生畢業以後，到了工廠，就要用到當年在學校學的「單元操作」，這門課雖然重要，但是我們很難在教單元操作的時候，能夠得到學術上的靈感。這有點像數學教授很難在教微積分的時候，得到學術上靈感的。

這種重研究、輕教學的現象，使得大多數大學不重視學生的程度，我曾經一再提醒大學校長有關學生英文程度不好的問題。絕大多數對於我的警告毫無感覺，對他們來說，只要他們的教授們仍在發表論文，一切都沒有問題了。

⊙大學往往忽視了基礎科學的重要性

大學都重視研究，也希望有非常好的研究成果，遺憾的是，大家往往忽略了一個非常關鍵性的議題：好的研究者一定是非常有學問的人。我們大家都推崇牛頓的創意，可是他是一個飽讀經書的人，他說他之所以有成就，乃是因爲他站在巨人的肩膀上，所以他可以看得更遠。

就以計算機科學來講吧，對計算機貢獻極大的人是先前提過的圖靈教授。他是個數學家，學問非常好。如果我們要在計算機界有很好的研究成果，數學乃是最重要的根基。舉一個例子，我們一直有一個令我們困惑的問題：找一個演算法來決定一個數字是否爲質數，比方說，請看21765432195617287337是否爲一個質數？這僅僅是一個例子，眞實的問題上，這個數字可能更大，我們可以想見這不是一個簡單的問題，而我們的要求是這個演算法必須是很有效的，也就是說，這個演算法不會花太多時間。這個問題一直沒有答案，可是，幾年前，兩位印度的碩士班學生和他們的導師解決了這個問題。

爲什麼這麼多計算機專家找不到這個演算法，而他們找到了？道理很簡單，印度的這幾位都是數學家，他們利用了自己深厚的數學基礎解決掉了這個問題。一般的計算機專家是沒有這種數學基礎的，自然無法解決這個問題。

我們政府和大學都希望我們的研究越做越好，但卻沒有要求教授的學問要越來越好，學生的學問也要越來越好。以教授來說，目前五年五百億的經費，使教授們個個都要在研究上有所表現，而忽略了做學問。很多教授花了很多時間看最新的論文，或者壓迫學生做實驗，而沒有能夠花時間將自己的物理或者數學的根基打得更深厚一點。

教授如此，學生就更不用談了。當教育部撥大筆的錢給那些明星大學的時候，並未要求這些大學的菁英學生要多選物理和數學的課，反而有意無意地希望同學們多懂一些時髦的玩意兒，這是非常可惜的，我們整個國家似乎都未能了解學者必須在基礎科學上下工夫。

我自己的領域是演算法，我在此要承認我們台灣做演算法研究的教授們很少去碰所謂「平均」分析，因爲平均分析一定牽涉到機率，機率是非常麻煩的，用到的數學相當多，教授們因此就不敢去碰它，這都是因爲我們的數學基礎不夠厲害的緣故。我們實在不僅要勤看論文，更應該多多利用時間來加強我們的基礎學問，否則我們不可能在演算法的世界舞台上，扮演重要角色的。

工學院教育和工業的嚴重脫節

對於工學院學生，他們目前最嚴重的問題乃是缺乏所謂的實務理解力。絕大多數工學院的學生學會了很多書本上的知識，但對於工程實務就毫不知情。因此碰到了一個工程上的問題，很多工學院學生是不知如何應付的，學過的理論好像完全派不上用場了。

舉一個例子，如果我們要求電機系同學設計一個方波產生器，絕大多數的同學所產生出來的方波是不夠方的，和工業上所需要的方波相差甚遠，這是因爲同學們所知道的方波產生器是來自書本，而眞正非常好的方波產生器是要加一些特殊線路的。好的電機工程師必定知道如何加這種線路，而我們學校裡的學生是不會知道的。

爲什麼我國工學院學生對實務沒有什麼理解力呢？這當然與我們工學院的教育有很大的關係，教授們多半根本不知道實務的難度，比方說，如果有人問一位機械系的教授如何製造引擎，他一定會介紹你看一本教科書，的確很多機械系的教科書中有介紹引擎，他熟讀這些書，所以他幾乎都可以背出來的，所以他認爲已懂得如何製造引擎了。其實即使製造最簡單的引擎都不是簡單的事，製造高效率的引擎更加是難上加難，只是很多教授似乎完全不知道製造引擎的困難度。

有些教授是知道製造引擎的困難度的，但是他們被SCI論文壓得喘不過氣來，也就沒有時間去研究如何製造引擎了。還有很多教授心裡有士大夫情結，有君子動口不動手的優良美德，因此他認爲做學術性的研究是有價值的事，做實務性的研究總有點怪。

我們教授還有一個心結，他們不太肯去問工業界的工程師問題，他們總認爲應該是由業界的工程師們來問教授，其實很多實務上的事情，業界的工程師厲害多了。我教類比線路設計的時候，每次線路設計不出來，都立刻去找在外面工作的工程師幫忙，他們會告訴我一些絕招，有時乾脆給我一個全新的線路。很多在工研院工作的工程師以及我認識的電機系畢業同學，都對我幫助極大，但是我們的教授們多半不太願意請教校外工程師的。

我國教授對實務不感興趣，外國教授則正好相反。我在美國念書的時候，有好幾位教理論的教授會忽然問我有關作業系統上的問題，這些問題往往令我窘不堪言，因爲我眞的搞不清楚作業系統裡面是怎麼一回事。對我來講，搞懂數學要比搞懂作業系統容易得多了。

最近我們計算機界有一位大師去世了，他就是史丹佛大學的麥卡錫教授，大家都會記得他在計算機理論上的貢獻，卻很少人知道他曾經發展過所謂的共時系統。共時系統是一種作業系統，並不需要太多理論，但是主其事者一定要有實務的能力。麥卡錫教授當時就是負責這個龐大計畫的主持人，他顯然是一位可以從事實務工作的教授。

大學生的世界觀在哪裡？

大學生受了栽培，總不能只想到替自己找一個好的工作，身爲大學生，必須關心世界上所發生的大事，就以最近的金融風暴而言，大學生絕對應該關心這種風暴是怎麼產生的？將來會不會再發生這種風暴？如果可能的話，有沒有防範這種風暴的辦法？

除了金融風暴以外，我們人類還面臨一個非常嚴重的問題：貧富不均。貧富不均總一定和人類所實行的制度有關，大學生絕對不能置身事外。

目前世界上另一個嚴重的問題是回教激進分子所造成的威脅，這些激進分子的思想製造了好多恐怖分子，當然也製造了世界的不安。對於這些激進分子，西方國家的策略是以武力來解決問題，可是他們在阿富汗的戰爭已經長達十年之久，可見得這種事情不是靠武力解決的。任何宗教的激進分子都是由於仇恨所引起的。大學生絕對應該研究這種仇恨的來源以及未來減少仇恨的辦法。

這個世界上還有很多值得注意的問題，如環境日益惡化、自然資源消耗殆盡、軍備競賽、道德日益不受重視等，我國的大學生卻對這些問題表現得毫無興趣，這是個很不好的現象。

爲什麼會有這種情形？這是因爲我們整個社會只對一些輕鬆的話題有興趣。比方說，有一陣子，媒體一直討論的是所謂的補教人生。即使目前歐債的問題已經非常嚴重了，我們仍然沒有看到對歐債問題的深度分析。大學應該開風氣之先的，他們應該引導社會的，可惜大學並沒有負起這個責任來，儘管全世界都爆發了對華爾街不滿的抗議活動，我們仍然沒有一所大學討論世界金融制度何去何從的問題。在這種情況之下，我們的大學生也就會對於世界上所發生的重大問題無動於衷了。

遺憾的是，我們的評鑑制度卻是鼓勵大學在經營一所大學，而非辦好一所大學，從哪件事可以看出來呢？大學接受評鑑的時候，必須填一張表，說明這所大學的SWOT，S乃strength（特色），W乃weakness（弱點），O乃opportunity（機會），T乃是threat（威脅）。這四項指標，一看就知道是爲了企業而設計的。對於企業而言，賺錢乃是他們的主要目標，企業要賺錢先要生存，要生存，多多少少要先打倒別人。試問，這是一所大學校長該想的事嗎？他該想出一種策略來壓倒其他學校嗎？如果他成天如此想，他一定只會做表面功夫，而完全忽略了學生的教育。

總而言之，我感到我們的大學教育有的時候忽略了一個最基本的問題：我們有沒有將學生教好？他們入學的時候是什麼樣子的？畢業的時候是什麼樣子的？我們當然希望學生在畢業的時候能有競爭力，但更希望他們一生之中，都有足夠的競爭力。要做到這些，我們就應該全心全意地辦好教育。

第七章

最基本的，最重要

在我寫這一章的時候，全世界都在注意希臘的債務問題，希臘欠債欠得一塌糊塗，歐盟和國際貨幣基金組織已經給過希臘一次巨額的紓困，但是問題依然存在，又繼續向國際求援，這次歐元國家忽然表現得不情不願了，他們的共同立場是希臘政府必須再縮緊褲帶，但是很多分析師認為，希臘的經濟中，大部分來自政府的支出，要求政府再減少支出，希臘的經濟會再衰退，政府的稅收會再減少，他們的債務問題可能會更加嚴重。

⊙提升工業產品的附加價值

即使有人給希臘好多錢，也不要他們還，希臘就可以從此變成一個快樂的國家嗎？絕不可能的，因為希臘是一個幾乎完全沒有工業的國家，他們的收入完全來自觀光。反觀歐洲最近講話最有分量的國家——

德國，他們是最有能力幫助希臘的國家，爲什麼德國如此強大？因爲德國是一個工業非常發達的國家，是世界數一數二的工業強國。

我們再看日本，很多人說日本的經濟不景氣已經有二十年之久了，但是日圓一直在升值，日圓從三百六十元日圓兌換一元美金，一直升到七十八元日圓兌換一元美金，如果台幣如此升值，台幣現在應該是八元台幣兌換一元美金。這可能嗎？絕不可能。前些日子，台幣升值到二十九元兌換一元美金，已經引起了我國工業界的不滿。大家都知道，如果台幣升值，會不利於外銷，但是爲什麼日本不怕日幣升值呢？那是他們的產品有很高的附加價值，即使日幣不斷升值，別的國家仍要購買他們的產品。

我們絕對不能像希臘一樣只有服務業，我們必須要有一個強大的工業來支撐我們的競爭力。各位想想看，如果全台灣的工業園區都關掉了，我們國家會有多少人失業？我們還有什麼可以外銷？我們稅收還會減少到什麼程度？

我們已是一個工業國家，近年來我們在工業技術上的表現也值得大家感到驕傲和高興，但是，我們必須承認一個不愉快的事實：我們工業產品的附加價值普遍不夠高。

現今的法國總統薩科奇先生當選以後，立刻走訪中國，也簽下了一個協定，中國允諾向法國購買九千億台幣的工業產品，值得我們注意的是：這九千億台幣的產品由三家公司提供，分別爲空中巴士、阿爾卡特通訊公司，及亞瑞華核能發電公司。由此可見，法國是一個有高級產品的國家。我們能夠想像我們的總統和別的國家簽訂如此價值連城的合約嗎？

因爲我們的工業產品附加價值不高，我們的工廠一定會設法減低成本，而減低成本的最有效方法莫過於將工廠移到中國大陸去，畢竟那裡的人力和土地成本都比較低。很多工廠雇用的人數高達百萬人，但是這百萬人幾乎全部在中國大陸，這種情形，當然不利於台灣。

究竟我們的工業產品爲何附加價值不高呢？政府始終沒有針對這個問題給老百姓一個清楚的答案。對我而言，只有一個答案：我們的工廠沒能掌握住關鍵性技術，而未能掌握關鍵性技術的原因是因爲我們的基礎技術實在不夠好。

關鍵性技術究竟是什麼呢？

・能夠設計產品。
・能夠在本國採購我國自行開發的關鍵性零組件。
・能夠在本國採購製造過程中所需要的儀器。
・能夠設計製造程序。

接下來，我們不妨檢討一下我們掌握關鍵性技術的情形。

⊙—只會製造，不會設計

我們必須承認，我們有很多的工廠屬於「製造性」工廠，生產線是買來的，工程師的任務是要保證生產的過程不出錯。有時，我們會聽說某某產品是在台灣「裝配」的，我們要知道「裝配」的涵義是我們不能說我們會製造這種產品，而是引進了外國的製造流程及技術，我們照著外國人的指令做而已，有點像在依樣畫葫蘆。

雖然我們和過去相比已有相當大的進步，但是我們很多的產品當初並非自己設計的，而是向外國買來的，即使半導體產業也有這種現象。我們雖然買到了這種技術，事實上卻不知道它的原理，並不是賣方存心保密，而是因爲當年的產品設計牽涉到很多學問，這些學問並非很容易傳授給別人的，即使那家公司肯傾囊相授，買方也學不起來，因爲他不可能在短期內搞清楚複雜的設計原理。

我們國家也不是完全不會設計，就以積體電路來講吧，我們全國有上百家積體電路設計公司，但是有些特別的線路我們就設計不出來了。特別是省電、非常高頻的線路都是我們至今無法設計的。

不僅電路如此，我們也無法設計高性能的引擎和精密度非常高的機械。舉例來說，我們的工具機裡需要一個非常精密的控制器，我們事實上一直無法設計出世界級的控制器。

硬體如此，軟體也是如此，我們的繪圖軟體至今要用外國的，而繪圖軟體牽涉到相當多的數學，我們在這方面又不如外國人了。

以大型積體電路工業而言，我們所用的儀器全部價值連城，一家半導體工廠如果投資一千億台幣，其中九百億就要買外國的儀器，我們完全不會設計這些儀器。

⊙依賴他國的零組件

我們現在的確已經有很多在台灣製造的機器，但是這些機器內部的重要零件是不是國產的？

我們會製造投射機了，但是投射機內的燈泡仍然要進口的，大多數的這種燈泡都是從日本進口的。

我們不妨打開一架我們國產的儀器，看看裡面的零組件是否全是國產的：

儀器常需基本的電路配置，電路配置包含無熔絲開關、漏電保護器、斷路器、電磁開關、繼電器和計時器，這些零組件已有國產的，遺憾的是價位較高的設備仍要用日本的廠牌。

汽缺電磁閥有國產品，但是卻在中國生產。

馬達控制，包含伺服馬達、步進馬達、直流無刷馬達和音圈馬達，高階產品用的都是日本貨，中低階的已有國產品。

控制器已有國產品，但是這些國產控制器內部的晶片卻全部來自日本。

馬達所帶動的螺桿，國內已有產品，但是高價位的仍要用日本貨。

工業用相機和鏡頭都是日本貨。

感光晶片都是外國貨，也是以日本居多。

影像處理的前置軟體來自國外的函式庫，但是影像辨識軟體卻多半是國人自行開發的。

從這個例子來看，即使一個設備儀器是國產的，但是內部卻有很多的零組件需要倚賴外國的產品。

可以想像得到，我們很多工廠的設備都是整廠輸入，畢竟我們在台灣成天買日本的汽車，那些工廠當然用日本的生產設備。

我曾經去參觀過一家工廠，這是一間相當有規模，而且技術水準不錯的公司。我問他：「你的工廠內部所用的機器中，有多少是國產的？」他想了一下，最後說：「最多不超過五％，而且都不是重要的。」

如果我們去看半導體工廠，得到的答案一定是幾乎全部外購。我們如果想要量產，這些精密儀器恐怕要花上很長的時間。

我們再看我們的面板工業，面板工業需要好多化學材料，像樹酯、ITO底片、銀膠、絕緣膠、異方性導電膜和TAC底片，這些材料幾乎都要向外國（主要是日本和美國）進口。

我們的工程師現在常常傳出過勞死的新聞，相當多電子公司的工程師們，不到晚間十一點是不會下班的，如此辛勞的工作，代表了我國人民的勤奮，可是，我們也應該注意到一件事，任何一個工程師在他念書、拿到學位以後，他應該使自己的學問更加好，因爲我們科技界的要求越來越高，學校所學的絕對不夠。我在美國拿到碩士以後，曾經在一家電子公司做事，這家公司幾乎規定每一位工程師必須到附近的大學選課，我就到加州大學的洛杉磯分部選了有關量子力學的課，量子力學對我當時的工作是沒有關係的，可是我的上司仍然鼓勵我去選這門課，他是對的，因為任何一家好的科技公司，他的工程師一定要是有學問的人，而不是僅僅在當時可以完成交付工作的人，可是，我發現我們全國的公司中，好像沒有鼓勵工程師進修，很多在半導體公司服務的人，其實對半導體並不十分了解，如果他們能夠抽空去大學選半導體的課，對公司絕對有好處。遺憾的是，大多數的台灣公司中，都只要求工程師勤奮工作，而沒有要求他們將基礎打好。在這種情況之下，我敢說，我們的科技公司是不太會有好的競爭力的。

製造程序的問題

化學工業要生產一個產品，必須要有一個程序，我國雖然有不少的化學工廠，但大多數的製造程序都來自外國。我們一直希望自己有製藥工業，但世界上的藥品大多數都是來自歐美日的大藥廠。其實，藥品的專利都有年限的，過了年限以後，藥就變成了學名藥（generic drug），意思是說你可以照藥的學名去製造了，因爲每一個西藥都會有學名的。但是要製造一個結構複雜的藥，談何容易?只要其中的一個程序不對，就做不出來了，我們國家之所以沒有像歐美的大藥廠，其中和化工技術有很大的關係。

我們國家也幾乎無法製造所謂的特用化學品，大家不妨走到我國任何一所大學的化學實驗室，裡面當然放滿了各種藥品，而這些藥品幾乎全部是外國貨。

以上我所說的，無非就是我們未能掌握關鍵性技術，這個痛苦的事實當然導致我們無法製造出高附加價值的產品。我們羨慕先進國家可以有像空中巴士和波音這種公司，我們也知道自己在這方面是差得太遠了。我們也不可能造出非常昂貴的汽車，因爲要造出超級跑車，就必須要能造出高性能的汽車引擎，但我們還沒有完全掌握住設計和製造引擎的技術，短時間內一定無法生產出高級汽車的。

現在我們打開一架電子顯微鏡，來看看裡面需要什麼技術：首先，我們需要一個電子源，也就是產生電子的東西。接著，需要有技術來使電子成爲一個電子束。還要有一個眞空系統。我們也需要一個放晶片的可移動檯子。然後用機器手臂來移動晶片。最後，我們需要一個高效能的影像處理系統，好應付半導體製程工程師的需要。

不難看出，我們要能造出一件有高附加價值的工業產品，必須擁有很多關鍵性的技術，以上述的電子顯微鏡爲例，電子源乃是必要的，但是我們國家有這種技術的公司幾乎是不存在的。我們也知道這架電子顯微鏡相當精密，這就牽涉到控制技術，我們在這方面也是相當落後的。

⊙做個有志氣的工業強國

可以想見的是，如果我們未能掌握住關鍵性技術，我們的產品很有可能被中國趕上，也難怪眾多的工廠移到了中國。反過來說，假設我們能製造一架用在半導體生產線上的電子顯微鏡，這家工廠會外移嗎？那些能製造特用化學品的工廠會外移嗎？

在我寫這篇文章的時候，不少國人埋怨我們台幣貶值得不夠，他們都會認爲韓圜升值得比較厲害，因此韓國的工業產品比較有競爭力。這實在是一種極爲錯誤的想法，因爲有志氣的國家，應該是不怕幣值升值的。瑞士法郎不斷升值，日幣從三百六十元兌換一元美金，升到七十八元日圓兌換一元美金，日本的產品仍然能夠賣得出去，別無其他，無非是因爲日本的工業產品非常高級，即使日幣猛升，大家仍要買日本產品。

第八章

從基本做起的傻子精神

我們為什麼未能充分掌握住關鍵性技術？最重要的是，過去我們一直不了解，任何關鍵性技術都建築在基本技術之上。

從基本做起的傻子精神

以我們在上一章的電子顯微鏡為例，電子顯微鏡當然要有一個電子源，電子源就是產生電子的東西，產生電子並非新發明，在一八九七年英國科學家湯姆森1就用了陰極射線管做實驗，後人將這種射線管改良成了電視機的一部分，先進國家之所以有這種技術，乃是因為他們的電視機裡面就用了自己國家發展出來的陰極射線管，而我們雖然也生產電視，但不會生產這種陰極射線管。電子顯微鏡裡的電子源和陰極射線管當然不同，但它們有共同的基本原理，我們必須對物理有相當的了解，否則我們是不可能有電子源的。

1.

約瑟夫・約翰・湯姆森爵士，（Sir Joseph John Thomson，1856－1940）。英國物理學家，電子的發現者。

問題是電子源即使做出來了，我們還要造成一個極細的電子束，這又牽涉到物理和工程技術，整個電子顯微鏡就是一個精密的儀器，精密儀器怎麼製造出來的？我們當然要用精密的零組件，而且要有高超的控制技術。控制技術是一種非常基本的技術，任何電機系和機械系的學生都一定要學習這項技術，雖然如此，要得到非常精密的控制技術，就不容易了。

精密控制自然要用到精密的零組件，有一年，我被派去日本參觀他們的資訊展，展覽會場在郊外，資訊展展覽館的隔壁也有一個大型的展覽館，這個展覽終年只展覽一種產品，那就是精密零組件。展覽的場地奇大無比，零組件更是奇多無比，可見日本政府對於精密零組件的重視。那一次，我國派了一個龐大的參觀團，所有參觀的人都去看了資訊展，只有我一個人傻乎乎地去看了精密零組件展。這是三十年前的事了，想當年，國人只對「資訊」這兩個字有興趣，大家認爲先進國家應該只管資訊的，現在我們造不出精密的設備，才發現精密零組件的重要性。

我們常常認為做一個磁鐵並不是什麼了不起的事，我敢說，所謂高科技計畫中大概沒有磁鐵的研究，做出一個普通的磁鐵當然不困難，但是如果要做出一個絕對均勻的磁鐵，其實是相當困難的。如果我們不了解物理和材料科學，我們大概做不出來這種磁鐵，而這種磁鐵在精密儀器中，是常會用到的。

我國和日本不同之處，在於日本不是一個成天追求時髦的國家，他們知道國家一定要將基本技術做得非常好。

我們的窘境：不會做蛋糕，只會塗奶油

再舉一個例子，我們當然希望要能製造高階的電子量測儀器，要製造這種儀器，我們需要什麼技術呢？各位一猜也可以猜到，這一定牽涉

到線路設計的技術，問題是：這些線路其實都是非常基本的，像ＡＤＣ就是其中之一，所謂ＡＤＣ，就是「類比」和「數位」轉換器。ＡＤＣ的確是一種非常基本的線路，絕大多數台灣的電機系都會教這種線路，但是要製造出一架高階的電子量測儀器，我們需要的ＡＤＣ線路必須在非常高的頻率之下仍能工作，所以我們不妨承認，我們大概還未能完全掌握住這種非常基礎的技術。

在電子電路中，最基本的線路其實是放大器，很多的線路都和放大器有關的，因此我們如果要能設計非常好的線路，就必須會設計放大器。但是，在我國，大多數的人會以爲放大器是不值得注意的，只有瘋子才會去研究這種有上百年歷史的技術，殊不知歐美很多大型的半導體工廠，至今仍在不斷地推出新發明的放大器，以及根據放大器延伸出來的線路，這些線路往往都存在於複雜的線路之中。外國公司之所以能推出很有價值的儀器或者線路，是與他們的基本工夫有關的。舉例來說，我們都需要低雜音放大器，但是至今無法做出可以和歐美大廠相媲美的低雜音放大器，我們相信他們在設計這種放大器的時候，用了非常特別的製程，可見這些工廠之所以能成功，一定與他們的基本工夫是有關係的，如果他們的根基一直不好，不可能會有如此好的成就。

我們也可以看看我們的化工技術，不論你要製造什麼樣的化工產品，我們總要用到萃取、蒸餾、吸附、結晶升華、分離等等技術，這些都屬於基礎化工技術。我們大學化工系學生都必須修一門課，叫做「單元操作」，單元操作就會提到這些基礎的化工技術，但是，我們的大學重視單元操作這門課嗎？答案一定是否定的。我們的大學認爲單元操作沒有什麼學問，不值得太注意，而不了解一旦不能充分掌握這些基本的技術，是不可能做出高級的化工產品。

基礎科技不好，我們也能造出某些看上去不錯的工業產品，比方說，我們可以購買一個軟體來做網路傳輸的工具，如果有一位使用者提出一個要求，希望知道文件傳輸以後，究竟有沒有完全正確地傳輸，如果只傳了一部分，應該告訴使用者。遺憾的是，這個軟體是別人寫的，我們一點辦法也沒有，那家原來發展軟體的公司多半也不會替你修改，因爲你的公司畢竟也只是一家小公司。

外國人將這種情形視爲：你不會做蛋糕，只會在蛋糕上塗奶油，然後寫上生日快樂。

⊙高科技就是一切？

我想大家都已知道了基礎科技的重要性，值得我們關心的是：爲什麼我們沒有基礎科技呢？

首先，我們要知道我們起步得比較晚，當牛頓這些人致力於科學研究的時候，我們國家完全茫然不知；工業革命開始的時候，我們仍然

2.

NEC，日本電氣股份有限公司，成立於1899年，不斷研發新技術，在全球電子市場有一定的占比。

不知道。我們開始有工廠，也是在滿清末年的時候，當日本侵略我們的時候，日本已能建造航空母艦和戰機，我們當時什麼武器建造的能力都沒有。以日本的NEC[2]為例，它的歷史超過一百年，荷蘭的飛利浦[3]有超過一百年的歷史，我們的基礎工業技術比不上先進國家，乃是必然的事。我們起步晚，是我們未能掌握關鍵性技術的原因，但是，最大的原因卻是一個認知上的問題，我們不提關鍵性技術，卻愛上了高科技。如果我們看政府的各種公報，一定會發現大量的「高科技」這個名詞，對很多大人物而言，治國平天下就是要靠高科技。

自行研發的工夫，勝過買來的技術

既然有高科技，就一定有低科技。什麼是高科技？什麼是低科技？並沒有任何一本書給過這些名詞下個定義，但是如果你問某某半導體科

3.

荷蘭皇家飛利浦電子公司（Royal Dutch Philips Electronics Ltd.），簡稱飛利浦，是世界上最大的電子公司之一。成立於1891年，創業時主要製造真空管，目前是綜合性大集團，跨足家電產品至醫療器材。

技是否爲高科技？一般人大概會說這當然是高科技。然後你再問，製造螺桿是不是高科技？一般人一定不承認的，大家一定認爲螺桿技術沒有什麼了不起，不能屬於高科技。

其實半導體技術可能是買來的，買到了技術的這家工廠並未能掌握這種技術，只會按表操課而已。反過來說，那家製造螺桿的工廠，有可能他們的技術完全是自己發展出來的，而且還在精益求精之中，這家工廠才是擁有高超技術的工廠。

我們看看台灣各個所謂培養高科技公司的科學園區，我們會發現這些公司幾乎都是所謂電子公司，有沒有專門做與直流電有關的元件廠商呢？我相信很多人不會覺得製造直流電斷路器、保護器、開關的技術是一項有學問的高科技，但是反觀外國的知名大電子公司，就在我寫這篇文章的時候，仍在推出高電壓的直流斷路器。

因爲政府大官只對高科技有興趣，很多研究單位只好去購買一些技術，然後在上面做一些應用的研究。雖然我們看上去已有了高科技，但是這個科技建築在別人的高科技之上，並不是一種非常扎實的科技，因爲我們只知其然，而不知其所以然也。

⊙高科技不等於電子科技

很多人的腦袋裡多多少少認爲高科技就是電子科技，因此我們往往只非常重視電子科技，而忽略了機械和化工。我們如果問機械系和化工系的同學，我相信他們一定不會認爲自己將來是從事高科技行業的人。但是我們如果看一下半導體工業，我們就會下一個結論：半導體工業的技術和機械及化工是有密切關係的。半導體工廠裡所使用的機械都是精密機械，他們的製程也都與化工有關。我們如果能更注意機械和化工，相信我們的半導體工業也會有更大進步的。

如果我們注意一下世界上所有工業發達的國家，不難發現這些國家的機械和化工也都是領先群雄的，歐美日國家的機械工業是有目共睹的，也是他們一直都在注意的。就以加拿大和巴西來說吧，他們都是可以外銷中程噴射客機的國家，可以想見他們機械工業的水準有多高。

化工更是重要了，半導體生產的程序當然就是化工的製程。一般電子工廠裡都會用大批的化工工程師，但奇怪的是：很少化工系的教授懂得半導體工業的化學，這又充分表示我國的化工業始終沒有和我們的電子業有所結合。這種現象當然也就影響了我們的高科技，因爲所謂的高科技一定要靠機械和化工的。

不該過於迷戀時尚科技

因爲高科技沒有什麼明確的定義，我們國家就有迷戀時尚科技的現象。整個國家會糊里糊塗地迷上了一種科技，也大捧這個科技，有如時裝界的時尚一樣。奈米科技就是被大官大捧特捧的科技，曾經紅透半邊天，教授們只要申請的計畫和奈米有關，就一定可以過關，不論你是電子、機械、化工、材料系的教授，都在做有關奈米的研究。

何謂奈米？奈米就是10^{-9}米，也就是一公尺的十億分之一。可想而知，要達到這種精確度有多大的困難，嚴格說起來，我們國家連微米（一公尺的一百萬分之一）都做不到，如何能做到奈米呢？山人自有妙計，我們去購買一些精密的儀器，其準確度是奈米級的，我們所做出來的東西也就是奈米級的了。

所以我們的奈米研究其實是奈米科技的應用，而不能說我們會發展奈米科技。我們應該知道，如果我們不能掌握微米的技術，我們是不可能掌握奈米的技術。

最近，政府又另結新歡，愛上了雲端技術，根據政府的公報，我必須說：我早就在雲端了，可是這是當下最時髦的科技，誰也不敢說這沒有什麼了不起。

好些年前，我所有的資料早已放在一家叫做 Cyberhood 的系統裡，我其實一直不知道我的資料放在哪一架電腦上，我只知道只要能上網，就能看到所有資料。即使我遠在世界任一角落，都能看到學生寫的報告，我的學生在世界上任一角落，也能將報告經由網際網路傳到 Cyberhood。政府官員不知何故，認爲這是高科技，而驚爲天人。

精深的基本功才能受人尊敬

這種崇尚時髦科技的想法，最嚴重的後遺症是我國是一個見異思遷的國家，只要外國有什麼新的玩意兒，我們立刻放下已經著手研究的工作，而去做新的工作，這麼一來，原來的工作就沒有達到很精深的境界。如果我們細數我國的科技史，就會發現我們曾經嘗試過好多研究項目，但很多都不了了之，因爲政府一直在教研究單位去做新的研究。研究人員也有問題，他們往往認爲做一項舊的研究是沒有什麼意思的事，做新的研究才會受人尊敬。

遺憾的是，任何一個技術都不是一朝一夕就能表現得非常好的，我們在實驗室成功表演了某一種研發成果，絕不能就此停止，因爲要能商品化，仍要繼續努力的，但我們卻不太管這些，技術的發展經常是淺嘗輒止，以至於我們對技術是無一不試，但無一是精。

我們曾經研發過控制器，但是只到了一個程度就結案了事。結果是日本的廠商一直盯準了控制器不放，不斷地研發當然導致不斷的改良，最後的結果是我們的控制器不如外國貨。如果當年我們鍥而不捨，以精益求精的態度繼續控制器的研發，我們現在也有世界一流的控制器了。

我們也曾做過 RISC CPU 的研究，在那個時候，這是當紅的研究項目，後來不紅了，我們的研究也就停掉了。這當然是非常可惜的事，因爲英國一家公司以精益求精的做法，將他們的技術層面一直提高，現在全世界的嵌入系統裡面大多數都用了這家公司的系統。這件事實在應該令我們檢討的，如果我們當年不見異思遷，我們現在也有這麼一家霸占全世界的CPU公司了。

⊙應該重視「技術」更甚「產業」

我們經常將「產業」和「技術」搞混了。政府是不該告訴民間企業從事哪種產業的，因爲從事某種產業不一定賺錢，萬一政府大力倡導某種產業，民間企業在政府的鼓勵之下，有時眞的會大量投資這個產業，結果可能血本無歸，業界會反過來責怪政府。

舉例來說，政府曾一再地推展生物科技產業，但我們應該知道，在目前的狀況之下，要利用生物科技來發展出一種新藥是非常困難的，不僅是因為每一個國家對新藥上市有非常嚴格的要求，最大的困難乃是新藥的成功一定需要大量資金的投入，現在一種新藥要開發成功，平均的資金要十五億台幣，這表示你即使花上了十五億台幣的研發經費，也未必能使一種新藥上市。

更麻煩的是：我國化學工業的技術究竟夠不夠好？這才是眞正的問題，生物科技產品的最後臨門一腳，總要經過化工，我們國家過去一直都沒有過很多自行開發的製程，我們有把握能夠發展製藥工程嗎？

政府也曾大力地推行一種特定的通訊產業，這個產業的投資是相當大的，政府自己投資了幾十億，民間企業也有人自掏腰包，投資了很多錢，但是這種產業在台灣是行不通的，結果這個產業的設備是建立好了，但是用的人少得可憐，政府的投資收不回來，摸摸鼻子就算了，但是民間投資血本無歸，卻非小事。這種鼓勵研發卻沒有後續支援的做法，所引起的民怨是可想而知的。

值得注意的是，當時政府也鼓勵了民間企業研發這種通訊產業的技術，這些民間公司都發展成了各式各樣的通訊系統，這些通訊系統在台灣是銷不掉的，但是在很多地少人稀的國家，這種通訊系統仍然是大受歡迎。

從這件事，我們得以知道，政府該重視的是技術，而不是產業。政府只要鼓勵民間企業發展高級的工業技術，至於民間要如何利用這種技術去發展某種產業，乃是由民間企業自己決定，這種做法比較恰當。可惜我們的政府官員似乎一直沒有了解這一點，直到現在仍是在產業上大做文章，反而對技術的提升沒有多大興趣。

了解自己，並對自己有耐心

政府似乎未能了解自己的重要性。我們都希望自己的國家有高超的工業技術，這種高超的技術當然不是天生就有的，一定是要慢慢地培養出來的。很多大學教授的創新想法，在實驗室中成功了，並不能立刻有商業用途的，等到這項技術能有商業用途，有時要等上五、六年工夫。

我們國家的民間企業規模都不算大，要花很長的時間和大量的經費在研發上，過程相當困難。在我看來，提升我國的工業技術，必須依靠政府，問題是：政府有沒有耐心？我們的政府是不太能允許研究單位長時期投入研究的。在過去，政府曾經停止對DRAM研發的投資，這是最可惜的一件事。反觀韓國在DRAM上下工夫的時間比我們的長，使韓國在此方面領先了我們。

我們還有一個缺點，那就是政府認爲政府研究單位做出來的研究，必須將技術移轉到民間去，這種做法，看上去很有道理，其實有相當大的問題。技術移轉給了一家民間公司，有的時候，這家公司根本就沒有用這種技術來發展任何產品，但是政府研究單位卻又停止了這種研究。即使這家公司用了這項技術發展了產品，因爲它的規模不大，而且當年並未參與這項技術的發展，有時就不再改進產品的功能了。事實上，在這種情況之下，也很難繼續發展出更高性能的產品了。我們往往發現國產的產品性能都不夠高，就是這個緣故。

政府應該了解，發展一種技術當然是一件了不起的事，但是繼續改進這項技術，仍是政府的責任，因爲我們的技術如果不是最好的，就等於沒有用的了。

空有創意，沒有技藝

我們國家還有一個問題，那就是過分強調創意。我們國家強調創意的重要性，原本無可厚非，但是強調創意的人往往以爲只要有創意，就能提高國家的工業水準。創意雖然重要，但如果只有創意，而沒有高技術水準，我們是不可能實現創意的。

大聲疾呼創意，充分顯示了我們國家很多人對於基本技術毫無觀念，這是十分悲哀的事。

我已經講了我們國家的一些缺點，總結一句，我們國家實在不知道基本科技的重要性，我們老是在高科技等等名詞上打轉，而沒有設法往下扎根，將基本科技做好。

我仍要以幾個例子來說明基本科技的重要性。我們常看到某某公司推出一種產品，立刻轟動一時，但很多大廠立刻也推出類似的產品，這個新產品就開始跌價，也慢慢地失去了它當時的光芒。

我們注意到波音公司沒有這種問題，當他們推出787客機的時候，沒有人能夠在幾個月內推出同樣的機種，空中巴士推出超大型A380客機的時候，也沒有人能夠推出類似的客機。我們羨慕這些大公司，他們當然也有競爭對手，但要和他們競爭絕非易事。我們也知道，我們國家要有波音或者空中巴士這種公司是不可能的，爲什麼幾乎很少人可以和他們競爭？無非是他們各自擁有關鍵性的技術，而這些關鍵性技術又都是建築在基礎技術之上的。

我們再看示波器。我從台大畢業已經五十年了，而這五十年來，台大電機系一直都在用 **Tektronix** 的示波器。這家公司並不是什麼家喻戶曉的公司，我們電機工程師都在用他們的示波器，這家公司有六十年的歷史，他們爲什麼能生存得如此之久呢？原因無他，他們的電子線路設計技術非常高級。線路設計是一種基本技術，但是如果你能將這種基本技術提高到一種非常高的境界，你就擁有高科技了。重要的是：你必須先要懂得最基礎的電路設計技術。

第九章

百年企業的驕傲與養成

我一再鼓吹我們要注意工業的基礎技術，顯然，我的話是有點用了，因爲我注意到經濟部有一個相當好的工業基礎技術計畫，只是令我感到不安的是，國人好像都不知道這個計畫，更不了解它的深刻意義，因此我要在此介紹一下這個計畫，我的介紹是非官方的，如果你們要知道更多有關相關的資訊，可以向經濟部諮詢。

⊙值得讚賞的工業計畫

工業基礎技術的目的，顯然就是要提升我國的工業基礎技術，問題是：工業技術種類繁多，究竟要從哪一些下手呢？據我所知，經濟部曾有一個審議小組，這個小組選定了十項技術，這十項技術都是非常有共同性的，也就是說，如果我們能夠提高這十項技術，將會大幅度地提升全國的工業水準。

這十項技術分別是：

- 高效率分離純化與混合分散基礎技術（材料化工）
- 高性能紡織與纖維基礎技術（材料化工）
- 高效率顯示與照明基礎技術（材料化工）
- 高階製造系統基礎技術（機械）
- 全電化都會運輸系統基礎技術（機械）
- 半導體製程設備基礎技術（電子電機與軟體）
- 通訊系統基礎技術（電子電機與軟體）
- 高階量測儀器基礎技術（電子電機與軟體）
- 高階繪圖與視訊軟體基礎技術（電子電機與軟體）
- 高階醫療器材基礎技術（電子電機與軟體）

但我們總不能光講技術，要驗收一個技術，就必須有一個載具。以半導體製程設備基礎技術而言，這個計畫指定了一種設備，這種設備叫做MOCVD，全世界能夠製造這種儀器的國家是相當少的，經濟部指定國家要發展MOCVD，顯示國家的雄心壯志，我們不敢說我們發展出來的MOCVD一定能夠和外國的MOCVD一爭長短，但是我們在發展MOCVD的過程之中，一定熟悉了好多我們過去完全不會的技術，這些技術將來一定都是有用的。反過來說，如果我們沒有這種技術，我們絕對不可能在有朝一日能製造半導體製程設備所需要的儀器。

再舉一個例子，我們這次也要發展高階量測儀器了。五十年前，我在台大的時候，我們用的示波器就是外國的，五十年過去了，我們各大學的電機系仍在使用外國產的示波器，這次我們總算指名道姓要發展像示波器這樣的儀器了。

就以高階量測儀器爲例，究竟這需要什麼技術呢？這個計畫也將這個問題解決掉了，專家們說，要製造任何的高階量測儀器，我們必須精通類比線路，這些線路是類比數位轉換器（ADL，analog to digital converter）、跟蹤及抓住放大器（THA，track and hold amplifier）、時脈信號產生器（PLL，phase lock loop）等等。對於很多教授而言，他們會說自己早已知道這些線路了，因爲書本上都有，他們在課堂上也教過。但是，如果教授們仔細地看這些技術的規格，他們就知道這些技術是不容易達到的。我們國家的科技計畫中，從來沒有訂定規格，而這個計畫對所有的技術都訂了規格。從精密加工技術的加工精度、工件表面粗糙度、工件厚度……等都有相關規定。

⊙往下扎根的計畫

由此可知，這個工業基礎是一個站在制高點上發展出來的計畫，是一個由上而下的計畫，有非常明確的目標。在我看來，這是一個具有歷史性的計畫，不僅在我國是史無前例，恐怕在全世界這都是一個歷史性的計畫，因為它雖然要做出非常高級的工業產品，但是我們強調往下扎根，這種往下扎根的想法在全世界是獨一無二的。

由上往下的科研計畫在很多國家早就有了，所有的太空計畫和所有的武器計畫，都是由各國政府制定規格來發展的，比較著名的有美國的送人登陸月球計畫、毛澤東的造原子彈計畫，以及歐洲的伽利略衛星導航計畫。政府投下大量的資金來做這種計畫，因為目標訂得很明確，這類計畫最後常會提高國家的科技水準。

我們這次沒有訂定一個驚人而耀眼的計畫，反而只訂了一個往下扎根的計畫，這是極有遠見的，因爲唯有往下扎根，才能提高我國的工業水準。我們的國情和別的國家不太一樣，送人到月球的計畫實在有些遙遠。我們的工業基礎計畫雖然不能送人到月球，卻也是一個極有野心的計畫。

這個計畫的另一特色是絲毫不談產業，我在上一章講過的，政府最好不要對民間業界下指導棋，因爲政府推廣的產業常常是不賺錢的。政府該做的事是提升工業技術的水準，民間企業自然就會利用這種好的技術發展產業了。

⊙──歐巴馬的科技發展計畫

在政府宣布這個計畫的同時，美國的歐巴馬總統也提出了一個科技發展計畫，叫做「先進製造合作計畫」（Advanced Manufacturing

Partnership，簡稱AMP），所強調的只有一句話：提升製造業所需要的技術。歐巴馬沒有提到要推展哪一種產業，他只是說要提升製造技術。

歐巴馬總統所宣示的計畫強調了製造技術，也許大家覺得奇怪，爲什麼美國總統不談那些時髦的名詞？道理很簡單，任何技術都建築在基礎技術之上，所謂製造技術，其實就是基礎的技術，但是對於美國而言，他們要求的是精益求精，他們目前的技術其實已經相當不錯了，但是他們還在要求進步。

歐巴馬計畫所選的合作公司有阿利根尼（Allegheny）、卡特彼勒（Caterpillar）、康寧（Corning）、陶氏化學（Dow Chemical）、福特（Ford）、漢威（Honeywell）、英特爾（Intel）、嬌生（Johnson and Johnson）、諾斯羅普·格魯曼（Northrop Grumman）、寶僑（Procter and Gamble）、史賽克（Stryker），這些公司全部都有好的技術，用一句流行的話來說，他們都是武功高超的公司。比方說，阿利根尼精於材料，卡特彼勒生產各種大型機械，包含引擎，寶僑是一家大藥廠，史賽克生產各種人工關節。史賽克是最典型的技術高超的公司，所生產的人工關節製造不易，一旦有問題，可能會出人命的。

百年企業的成就秘訣

歐巴馬選上的公司，並非大家耳熟能詳的公司，也不是一些當紅的公司，但卻有很多百年企業，阿利根尼有九十一年歷史，卡特彼勒有一百二十八年歷史，康寧有一百六十年歷史，陶氏化學有一百二十一年歷史，福特有一百零八年歷史，漢威有一百二十六年歷史，嬌生也是一百二十六年歷史，寶僑則有一百七十四年歷史。其他沒有列名的歷史較輕，但也不是很短，史賽克有七十年歷史。

我們都希望自己能活得長一點，公司的創始人當然也希望自己的公司能永續經營，這當然不是容易的事。在科技界，曇花一現的公司多得不得了，一家公司能夠在一百年後仍能生存，可想而知的是他們一定擁有相當厲害的技術，否則一定會被競爭對手打倒的。以康寧爲例，直到現在，他們在玻璃的製造技術上仍然相當領先，我們的顯示器用的都是康寧的玻璃。卡特彼勒是一家機械公司，過去，他們最著名的產品是他們的拖曳機，以我們的眼光來看，這家公司充其量是屬於傳統產業，但是傳統產業又怎麼樣呢？傳統產業照樣可以擁有高門檻的技術的。

還有一些有名的百年老店值得我們注意的：NEC有一百一十三年歷史，飛利浦有一百二十年歷史，西門子有一百六十四年歷史，勞斯萊斯有一〇五年歷史。大家一定很快就發現他們都是有極高技術的公司。

如何知道你的公司能成爲百年老店呢？如果你做的產品是別人無法很快地複製完成的，你將來就有可能永遠生存了。如果你的產品一出來，很多人立刻可以快速地複製，雖然他們沒有你做得好，但也可以用，價錢又比較便宜，也就是說，別人可以很快地就做出山寨版，那麼你的公司是不可能成為百年老店的。

除了公司以外，歐巴馬還選了一些大學做為這個計畫的夥伴，這些大學是麻省理工學院、卡內基美倫大學、喬治亞理工學院、史丹佛大學、加州大學柏克萊分部和密西根大學。值得注意的是，這些大學都有極優秀的工學院。

和我國的工業基礎計畫相比，兩個計畫都沒有提到任何特定的產業，但是也有很大的不同，歐巴馬總統是在卡內基美倫大學發表這個計畫的，他號召全國共同努力，以提高美國的生產技術，更保證政府各個單位都會全力配合這個計畫。我國的工業基礎計畫呢？我敢說很多政府官員都搞不清楚這個計畫是怎麼一回事。

結語

要有志氣，但仍要從基本做起

寫到這裡，我希望大家知道，我曾經在很多年前一再稱讚南投的梅子醬，也希望南投的梅子醬能夠銷售得非常好，我本人家裡永遠有梅子醬，它比西餐館的很多沙拉醬好吃多了，可是我知道如果種梅子的人沒有商業概念，大概很難成功行銷。最近，梅子醬的確銷售得好多了，它的包裝就越來越漂亮了。我發現現在很多大學生回去鄉下，將我們的農產品加以特別的處理，再利用他們的學識，使得我們的農產品能夠有很高的價值。不僅梅子醬如此，我們的毛豆和番薯的價值都高了非常之多。我也看過處理番薯的影片，這種自動化的檢驗設備，實在令我感到高興，這個現象印證了我的一個理論，我們應該將所有的人的學識能力提高。我們社會上永遠有一種錯誤的想法，認爲一個孩子不喜歡念書，就隨他去，由他自己的興趣去發展，我認爲這只對了一半。即使是農人，我們也希望他能夠有足夠的學識，能夠很科學化地處理這些農產品，否則農產品永遠是低廉價格的。我國之所以有不錯的高級農產品，是因爲我們的農人的基本學識是不錯的。

所以，希望大家不要對我嫌煩，認爲我每天嘮嘮叨叨，講些不中聽的話。政府尤其該注意，能夠在這個世界上穩定生存的國家，必定是基礎非常好的國家。有一個國家，當年它的幣值是三百六十元兌一元美金，現在它的幣值升值到七十八元對一元美金，但是這個國家的外銷仍然非常強勁，試問，我們台幣可以升到八元台幣兌換一元美金嗎？爲什麼那一個國家做到，而我們做不到？我知道原因，我們的基礎打得不夠深厚。

我們應該要有志氣，我們應該說，有一天我們的台幣會升到八元台幣兌換一元美金，這不是天方夜譚的想法，別的國家做到了，我們也應該可以做到。可是如果我們永遠在做花拳繡腿的事，這一天絕不會來臨的。

國家圖書館出版品預行編目資料

下一個百年，仍必須從基本做起 / 李家同著. -- 初版. -- 臺北市：圓神, 2012.01
208面；14.8×20.8公分 --（圓神文叢；113）

ISBN 978-986-133-395-3（平裝）
1. 言論集

078　　100023888

http://www.booklife.com.tw　　inquiries@mail.eurasian.com.tw

圓神文叢 113

下一個百年，仍必須從基本做起

作　　者／李家同
發 行 人／簡志忠
出 版 者／圓神出版社有限公司
地　　址／台北市南京東路四段50號6樓之1
電　　話／（02）2579-6600 · 2579-8800 · 2570-3939
傳　　真／（02）2579-0338 · 2577-3220 · 2570-3636
郵撥帳號／18598712　圓神出版社有限公司
總 編 輯／陳秋月
資深主編／沈蕙婷
專案企畫／賴真真
責任編輯／莊淑涵
美術編輯／劉鳳剛
行銷企畫／吳幸芳 · 陳姵蒨
印務統籌／林永潔
監　　印／高榮祥
校　　對／李家同 · 林平惠 · 莊淑涵
排　　版／莊寶鈴
經 銷 商／叩應股份有限公司
法律顧問／圓神出版事業機構法律顧問　蕭雄淋律師
印　　刷／祥峰印刷廠
2012年1月　初版

定價 250 元　　ISBN 978-986-133-395-3